Dr. Jaerock Lee

Bedlite
a modlite sa

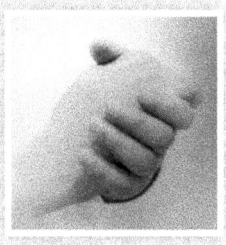

*Keď sa vrátil k učeníkom,
našiel ich spať. Povedal teda Petrovi:
„To ste nemohli ani hodinu so mnou bedliť? Bedlite a modlite sa,
aby ste neupadli do pokušenia.
Duch je síce ochotný, ale telo slabé."
(Mt 26, 40-41)*

Bedlite a modlite sa by Dr. Jaerock Lee
Vydavateľstvo Urim Books (Predstaviteľ: Johnny. H. Kim)
73, Yeouidaebang-ro 22-gil, Dong, Dongjak Gu, Soul, Kórea
www.urimbooks.com

Všetky práva vyhradené. Táto kniha alebo jej časti nesmú byť reprodukované v žiadnej podobe, uložené vo vyhľadávacom systéme alebo prenášané v akejkoľvek forme alebo akýmikoľvek prostriedkami, elektronicky, mechanicky, fotokópiami, záznamom alebo inak bez predchádzajúceho písomného súhlasu vydavateľa.

Pri preklade biblických citátov z angličtiny do slovenčiny bol použitý zdroj: Svätá Biblia, Jozef Roháček, 2007. Použité s dovolením.

Copyright © 2016 by Dr. Jaerock Lee
ISBN: 979-11-263-1146-0 03230
Translation Copyright © 2015 by Dr. Esther K. Chung. Použité so súhlasom.

Pôvodne vydané v kórejskom jazyku v roku 1992 vydavateľstvom Urim Books

Prvé vydanie Máji 2023

Editoval Dr. Geumsun Vin
Navrhol Editorial Bureau of Urim Books
Vytlačil Yewon Printing Company
Pre viac informácií kontaktujte urimbooks@hotmail.com

Predslov o vydaní

Boh nám prikazuje neustále sa modliť, ale tiež nás mnohými spôsobmi učí, prečo sa musíme neustále modliť a napomína nás modliť sa, aby sme nepadli do pokušenia.

Rovnako ako nie je pravidelné dýchanie náročnou úlohou pre človeka s dobrým zdravým, duchovne zdravý jedinec považuje za prirodzené žiť podľa Božieho slova a neustále sa modliť a nie je to pre neho namáhavé. Je to preto, že do akej miery sa človek modlí, do takej miery sa bude tešiť dobrému zdraviu, vo všetkom sa mu bude dariť a bude prosperovať aj jeho duša. Preto je potrebné význam modlitby neustále zdôrazňovať.

Človek, ktorého život sa skončil, už nemôže dýchať nosom. A z rovnakého dôvodu, človek, ktorého duch zomrel, nemôže mať duchovný dych. Inými slovami, duch človeka zomrel v dôsledku Adamovho hriechu, ale tí, ktorých duch je obnovený Duchom Svätým, nesmú sa nikdy prestať modliť, kým je ich duch nažive, rovnako ako si nemôžeme dať pauzu od dýchania.

Noví veriaci, ktorí len nedávno prijali Ježiša Krista, sú ako deti. Nevedia, ako sa modliť a modlenie je pre nich únavné. Avšak, keď sa nevzdajú spoliehania sa na Božie slovo a neustále sa usilovne modlia, ich duch rastie a s vrúcnou modlitbou sa stáva silnejším. Títo ľudia si potom uvedomia, že bez modlitby nedokážu žiť tak, ako nikto nedokáže žiť bez dýchania.

Modlitba nie je len naším duchovným dychom, ale tiež cestou rozhovoru medzi Bohom a jeho deťmi, ktorá musí byť vždy otvorená. Skutočnosť, že dnes v moderných rodinách neexistuje rozhovor medzi mnohými rodičmi a deťmi, je tragédiou. Vzájomná dôvera je zničená a ich vzťahy sú len formalitou. Avšak, neexistuje nič, čo by sme nemohli nášmu Bohu povedať.

Náš všemohúci Boh je starostlivý otec, ktorý nás najlepšie pozná a chápe, neustále nám venuje pozornosť a chce, aby sme sa s ním znova a znova rozprávali. Preto je modlitba pre všetkých veriacich kľúčom k zaklopaniu na dvere srdca všemohúceho Boha a ich odomknutiu a zbraňou, ktorá presahuje čas a priestor. Či sme vari nevideli, nepočuli a nezažili na vlastné oči nespočetné množstvo kresťanov, ktorých životy boli premenené a smer svetových dejín sa zmenil v dôsledku silnej modlitby? Keď pri modlitbe pokorne prosíme o pomoc Ducha Svätého, Boh nás naplní Duchom Svätým, umožní nám lepšie chápať Jeho vôľu a žiť podľa nej, a tiež nám umožní prekonať nepriateľa diabla a zvíťaziť na tomto svete. Avšak, keď človek nie je vedený Duchom Svätým, pretože sa nemodlí, ako prvé sa bude spoliehať na svoje vlastné myšlienky a teórie a žiť v nepravde, čo je proti Božej vôli, a tak bude pre neho ťažké získať spásu. To je dôvod, prečo nám Biblia v Kol 4, 2 hovorí: „Vytrvajte v modlitbe, bdejte pri nej a vzdávajte vďaky," a v Mt 26, 41: „Bedlite a modlite sa, aby ste neupadli do pokušenia. Duch je síce ochotný, ale telo slabé."

Dôvodom, prečo jediný Boží Syn Ježiš mohol splniť celú jeho povinnosť v súlade s Božou vôľou, je sila modlitby. Predtým, ako začal verejnú službu, náš Pán Ježiš sa postil 40 dní a ponúka nám príkladný život v modlitbe tým, že sa modlil všade, kde to bolo možné, a to aj počas jeho trojročnej služby.

Vidíme, že mnohí kresťania uznávajú dôležitosť modlitby, ale mnohí z nich nedostávajú Božie odpovede, pretože sa nevedia modliť podľa Božej vôle. Veľmi dlho som bol zronený, keď som videl a počul o týchto ľuďoch, ale teraz som naplnený radosťou, že môžem vydať knihu o modlitbe na základe viac ako 20-ročnej služby a priamych skúseností.

Dúfam, že táto krátka kniha bude veľkým prínosom pre všetkých čitateľov pre stretnutie s Bohom a vedenie života naplneného mocnou modlitbou. V mene Pána sa modlím, aby každý čitateľ bdel a neprestajne sa modlil, aby sa tak mohol tešiť z dobrého zdravia, vo všetkom sa mu darilo a jeho duša prosperovala!

Jaerock Lee

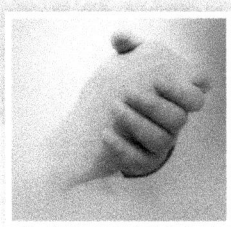

Obsah

Bedlite a modlite sa

Predslov o vydaní

Kapitola 1
Proste, hľadajte a nájdete • 1

Kapitola 2
Verte, že ste ich dostali • 21

Kapitola 3
Druh modlitby, ktorou sa zapáčime Bohu • 35

Kapitola 4
Aby ste neupadli do pokušenia • 57

Kapitola 5
Modlitba spravodlivého človeka • 73

Kapitola 6
Veľká moc jednomyseľnej modlitby • 85

Kapitola 7
Neprestajne sa modlite a neochabujte • 101

Kapitola 1

Proste, hľadajte a nájdete

„Proste a dostanete,
hľadajte a nájdete,
klopte a otvorí sa vám.
Veď každý, kto prosí, dostáva,
kto hľadá, nachádza,
a tomu, kto klope, sa otvorí.
Kto z vás je taký človek, že by dal synovi kameň,
keď si prosí chlieb,
alebo že by mu dal hada, keď si prosí rybu?
Keď teda vy, hoci ste zlí,
viete dávať dobré dary svojim deťom,
o čo skôr dá dobré dary váš nebeský Otec tým,
čo ho prosia!"

(Mt 7, 7-11)

1. Boh dáva dobré dary tým, ktorí prosia

Boh nechce, aby jeho deti trpeli v chudobe a v chorobách, ale chce, aby sa im vo všetkom darilo. Ak však len nečinne sedíme bez akéhokoľvek úsilia, nebudeme žať nič. Aj keď nám Boh môže dať všetko, čo je vo vesmíre, pretože všetko, čo je vo vesmíre, patrí jemu, chce, aby jeho deti prosili, hľadali a dosiahli všetko vlastnými silami, ako hovorí staré príslovie: „Nakŕmili by ste plačúce dieťa."

Ak človek, ktorý chce získať všetko, len čaká so založenými rukami, nijako sa nelíši od kvetín zasadených v záhrade. Akí sklamaní by boli rodičia, keby sa ich deti správali ako nehybné rastliny a strávili celý deň v posteli, bez akéhokoľvek úsilia žiť vlastný život? Takéto správanie je ako správanie lenivého človeka, ktorý všetok čas premrhá čakaním, kým mu priamo do úst nespadne ovocie zo stromu.

Boh chce, aby sme sa stali jeho múdrymi a vytrvalými deťmi, ktoré horlivo prosia, hľadajú a klopú, a tak sa tešia z jeho požehnania a vzdávajú Mu slávu. Toto je presný dôvod, prečo nám Boh prikazuje prosiť, hľadať a klopať. Žiadny rodič nedá dieťaťu kameň, keď prosí o chlieb. Žiadny rodič nedá dieťaťu hada, keď prosí o rybu. Aj keď je rodič zlý, túži dávať dobré dary svojim deťom. Nemyslíte si, že náš Boh, ktorý nás tak veľmi miloval, že dal jeho jednorodeného Syna, aby zomrel za nás, dá jeho deťom dobré dary, keď o ne prosia?

V Jn 15, 16 nám Ježiš hovorí: „Nie vy ste si vyvolili mňa, ale ja som si vyvolil vás a ustanovil som vás, aby ste šli a prinášali ovocie, aby vaše ovocie zostávalo, a aby vám Otec dal všetko, o čo ho budete prosiť v mojom mene." Toto je slávnostný prísľub všemohúceho Boha lásky, že keď vrúcne prosíme, hľadáme a klopeme, On otvorí brány nebies, požehná nás, a dokonca odpovie aj na túžby nášho srdca.

Na základe verša, na ktorom je postavená táto kapitola, poďme sa naučiť prosiť, hľadať a klopať a dostať všetko, o čo Boha prosíme, aby to bolo na jeho veľkú slávu a na našu veľkú radosť.

2. Proste a dostanete

Boh hovorí všetkým ľuďom: „Proste a dostanete," a chce, aby bol každý človek požehnaný, a tak dostal všetko, o čo prosí. Prečo nám potom Boh hovorí, aby sme prosili?

1) Proste o Božiu moc a hľadajte jeho tvár

Keď Boh stvoril nebesia a zem i všetko, čo ich napĺňa, potom stvoril človeka. A požehnal ho a povedal mu, aby sa plodil a množil a naplnil zem a podmanil si ju; a vládol nad morskými rybami a nad nebeským vtáctvom i nad všetkým živým, čo sa hýbe na zemi. Ale potom, čo prvý človek Adam neuposlúchol Božie slovo, stratil toto požehnanie a ukryl sa pred Bohom, keď počul jeho hlas (Gn 3, 8). Okrem toho, ľudia, ktorí sa stali hriešnikmi, odcudzili sa od Boha a kráčali cestou smrti ako otroci nepriateľa diabla.

Pre týchto hriešnikov poslal na zem Boh lásky jeho Syna Ježiša Krista, aby ich zachránil a otvoril im dvere k spáse. A tak, ak niekto príjme Ježiša Krista za svojho osobného Spasiteľa a uverí v jeho meno, Boh mu odpustí všetky jeho hriechy a dá mu dar Ducha Svätého.

Navyše, viera v Ježiša Krista nás vedie k spáse a umožňuje nám získať Božiu moc. Iba keď nám Boh dá jeho silu a moc, môžeme úspešne viesť náboženské životy. Inými slovami, len prostredníctvom milosti a sily zhora môžeme prekonať svet a žiť v súlade s Božím slovom. A tiež musíme získať jeho moc, aby sme dokázali poraziť diabla.

Ž 105, 4 nám hovorí: „Dopytujte sa na Pána a Jeho moci, ustavične hľadajte Jeho tvár!" Náš Boh je „Ja som, ktorý som" (Ex 3, 14), Stvoriteľ neba a zeme (Gn 2, 4) a Vládca celej histórie a všetkého, čo je vo vesmíre od počiatku až naveky. Boh je Slovo a Slovom stvoril všetko, čo je vo vesmíre, a preto je jeho Slovo moc. Pretože slová človeka sa neustále menia, nemajú žiadnu moc niečo stvoriť alebo uskutočniť. Na rozdiel od slov človeka, ktoré sú nepravdivé a neustále sa menia, Božie slovo je živé a plné moci a je schopné diela stvorenia.

Preto, bez ohľadu na to, aký je človek bezmocný, keď počuje Božie slovo, ktoré je živé a bez pochybností v neho uverí, aj on môže uskutočniť dielo stvorenia a stvoriť niečo z ničoho. Stvoriť niečo z ničoho je nemožné bez viery v Božie slovo. To je dôvod, prečo Ježiš zvestoval všetkým, ktorí k nemu prišli: „Stane sa ti tak, ako si uveril" (Mt 8, 13). Stručne povedané, prosiť o Božiu moc je rovnaké, ako prosiť o vieru.

Čo teda znamená výrok „ustavične hľadajte jeho tvár"? Rovnako ako nemôžeme povedať, že niekoho „poznáme" bez toho, aby sme poznali jeho tvár, „hľadať jeho tvár" predstavuje naše úsilie v zisťovaní „kto je Boh." To znamená, že tí, ktorí sa predtým bránili hľadaniu Božej tváre a počutiu jeho hlasu, otvoria teraz svoje srdce, hľadajú Boha a chápu ho a pokúsia sa počuť jeho hlas. Hriešnik nie je schopný zdvihnúť hlavu a snaží sa odvrátiť si tvár od ostatných. Akonáhle získa odpustenie, je schopný zdvihnúť hlavu a vidieť ostatných ľudí.

Z rovnakého dôvodu, všetci ľudia sú hriešnici kvôli neposlušnosti voči Božiemu slovu, ale ak im je odpustené prijatím Ježiša Krista a stanú sa Božím dieťaťom prijatím daru Ducha Svätého, teraz vidia Boha, ktorý je svetlo, pretože sú spravodlivým Bohom vyhlásení za spravodlivých ľudí.

Najzásadnejší dôvod, prečo Boh hovorí všetkým ľuďom „proste o hľadanie Božej tváre", je to, že chce, aby sa každý z nich – hriešnikov – uzmieril s Bohom a dostal dar Ducha Svätého tým, že bude prosiť o hľadanie Božej tváre a stane sa jeho dieťaťom, ktoré môže pred Ním priamo stáť. Keď sa človek stane dieťaťom Boha Stvoriteľa, dostane nebo, večný život a šťastie, čo je najväčším požehnaním.

2) Hľadajte Božie kráľovstvo a spravodlivosť

Človek, ktorý dostal dar Ducha Svätého a stal sa Božím

dieťaťom, je schopný žiť nový život, pretože bol znovuzrodený z Ducha. Boh, pre ktorého je jedna duša vzácnejšia než nebesia a zem, hovorí jeho deťom, aby najprv hľadali jeho kráľovstvo a spravodlivosť (Mt 6, 33).

Ježiš nám v Mt 6, 25-33 hovorí:

Preto vám hovorím: Nebuďte ustarostení o svoj život, čo budete jesť a piť, ani o svoje telo, čo si oblečiete. Či nie je život viac ako jedlo a telo viac ako odev? Pozrite sa na nebeské vtáky: nesejú, nežnú, nezhromažďujú obilie do sýpok, a váš nebeský Otec ich živí. Či vy nie ste oveľa viac ako ony? A kto z vás si môže svojou ustarostenosťou predĺžiť život čo len o jediný lakeť? A prečo ste takí ustarostení o oblečenie? Pozorujte poľné ľalie, ako rastú: nenamáhajú sa a nepradú. No hovorím vám: Ani Šalamún sa v celej svojej sláve neobliekal tak ako hociktorá z nich. Keď teda Boh takto oblieka trávu na poli, ktorá dnes je a zajtra ju hodia do pece, či neoblečie oveľa skôr vás, vy maloverní? Nehovorte teda ustarostene: „Čo budeme jesť? Čo budeme piť? Čo si oblečieme?" Veď toto všetko zháňajú pohania;

a váš nebeský Otec predsa vie, že to všetko potrebujete. Hľadajte však najprv Božie kráľovstvo a jeho spravodlivosť a toto všetko sa vám pridá.

Čo znamenajú výroky „hľadajte Božie kráľovstvo" a „hľadajte jeho spravodlivosť"? Inými slovami, prečo by sme mali hľadať Božie kráľovstvo a jeho spravodlivosť?

Pre ľudstvo, ktoré bolo otrokom nepriateľa diabla a predurčené na cestu smrti, Boh poslal jeho jediného Syna na zem a nechal Ježiša zomrieť na kríži. Skrze Ježiša Krista nám Boh tiež obnovil moc, ktorú sme stratili a dovolil nám kráčať po ceste spásy. Čím viac šírime posolstvo o Ježišovi Kristovi, ktorý za nás zomrel a vstal z mŕtvych, tým viac je satanova moc zničená. Čím viac je satanova moc zničená, tým viac stratených duší dosiahne spásu. Čím viac stratených duší dosiahne spásu, tým viac sa zväčší Božie kráľovstvo. Preto výrok „hľadať Božie kráľovstvo" odkazuje na modlitbu za dielo spásy duší alebo svetovej misie, aby sa všetci ľudia mohli stať Božími deťmi.

Kedysi sme žili v tme a uprostred hriechu a zla, ale skrze Ježiša Krista sme získali moc predstúpiť pred Boha, ktorý sám je svetlo. Boh prebýva v dobrote, v spravodlivosti a vo svetle, preto s hriechom a zlom pred neho nemôžeme predstúpiť ani sa stať jeho deťmi.

Z tohto dôvodu výrok „hľadajte Božiu spravodlivosť" odkazuje na modlitbu za oživenie mŕtveho ducha človeka, aby sa jeho duši darilo a stal sa spravodlivým človekom vedením života v súlade s Božím Slovom. Musíme prosiť Boha, aby nám dovolil počuť jeho Slovo a boli sme ním osvietení, zanechať hriech a temnotu, prebývať vo svetle a stať sa svätými, ako je Boh svätý.

Odhodenie skutkov tela podľa želania Ducha Svätého a posvätením sa životom v pravde je hľadanie Božej spravodlivosti. Okrem toho, ak hľadáme Božiu spravodlivosť, budeme sa tešiť dobrému zdraviu, vo všetkom sa nám bude dariť, a aj naša duša bude prosperovať (3 Jn 1, 2). To je dôvod, prečo nám Boh prikazuje najprv hľadať Božie kráľovstvo a jeho spravodlivosť a sľubuje nám, že všetko, o čo prosíme, nám bude pridané.

3) Proste o to, aby ste sa stali jeho služobníkmi a vykonávali Bohom dané povinnosti

Ak hľadáte Božie kráľovstvo a spravodlivosť, potom sa musíte modliť za to, aby ste sa stali jeho služobníkom. Ak už ste jeho služobníkom, musíte sa vrúcne modliť, aby ste dokázali vykonávať Bohom dané povinnosti. Boh odmeňuje tých, ktorí ho úprimne hľadajú (Hebr 11, 6) a každému človeku odplatí jeho odmeny podľa toho, čo vykonal (Zjv 22, 12). V Zjv 2, 10 nám Ježiš hovorí: „Buď verný až do smrti a dám ti veniec života!" Aj v tomto živote platí, že ak človek pilne študuje, môže dostať štipendium a ísť na dobrú školu. Keď človek v práci tvrdo pracuje, môže byť povýšený a dosiahnuť lepšiu zaobchádzanie a vyšší plat.

Z rovnakého dôvodu, keď sú Božie deti verné ich Bohom danej povinnosti, dostanú väčšie povinnosti a väčšie odmeny. Odmeny tohto sveta sa nedajú veľkosťou a slávou vôbec porovnávať s odmenami v nebeskom kráľovstve. Preto sa každý z nás musí stať horlivejším vo viere a modliť sa, aby sa stal vzácnym Božím služobníkom.

Ak človek ešte nemá Bohom danú povinnosť, musí sa modliť, aby sa stal služobníkom Božieho kráľovstva. Ak niekto už dostal povinnosť, musí sa modliť, aby ju dokázal dobre vykonávať a očakával väčšie povinnosti. Laik sa musí modliť, aby sa stal diakonom, zatiaľ čo diakon sa musí modliť, aby sa stal starším. Vodca jedného regiónu by sa mal modliť, aby sa stal vodcom polovice okresu, vodca polovice okresu, aby sa stal okresným vodcom a okresný vodca za postup ešte vyššie.

To ale neznamená, že človek by mal prosiť o titul staršieho alebo diakona. Týka sa to túžby byť verný jeho povinnostiam, vynakladaním maximálneho úsilia v ich plnení, slúžiť Bohu a byť ním použitý vo väčšom rozsahu.

Najdôležitejšou vernosťou pre človeka, ktorý má Bohom dané povinnosti, je druh vernosti, ktorou je viac než schopný vykonávať ešte väčšie povinnosti, ako tie, ktoré má v súčasnosti. Za to sa musí modliť, aby ho Boh mohol pochváliť: „Výborne, dobrý a verný sluha!"

1 Kor 4, 2 nám hovorí: „Od správcov sa nežiada nič iné, len aby sa každý preukázal ako verný." Preto sa každý z nás musí modliť, aby sa stal verným Božím služobníkom v našich cirkvách, Kristovom tele, a na našich rôznych pozíciách.

4) Proste o každodenný chlieb

Aby Ježiš dokázal vykúpiť človeka z chudoby, narodil sa chudobný. Aby Ježiš dokázal vyliečiť každú chorobu a neduh, bol bičovaný a prelial jeho krv. A tak je len prirodzené, aby sa Božie deti tešili z bohatého a zdravého života a vo všetkom sa im darilo.

Keď ako prvé hľadáme Božie kráľovstvo a spravodlivosť, Boh

nám hovorí, že všetko ostatné nám bude pridané (Mt 6, 33). Inými slovami, po hľadaní Božieho kráľovstva a spravodlivosti sa máme modliť za veci potrebné k životu na tomto svete, ako sú potraviny, oblečenie, prístrešie, práca, požehnanie v našej práci, blahobyt našich rodín, a podobne. Boh nám to všetko dá tak, ako sľúbil. Majte na pamäti, že ak budeme o tieto veci prosiť pre naše vášnivé túžby a nie pre jeho slávu, Boh nevypočuje naše prosby. Modlitba za hriešne túžby nemá s Bohom nič spoločné.

3. Hľadajte a nájdete

Ak „hľadáte", znamená to, že ste niečo stratili. Boh chce, aby ľudia mali to „niečo", čo stratili. Pretože On nám prikazuje hľadať, musíme najprv zistiť, čo je to, čo sme stratili, aby sme mohli hľadať to „niečo", čo sme stratili. Musíme tiež zistiť, ako to môžeme nájsť.

Čo sme teda stratili, a ako to máme „hľadať"?
Prvý človek, ktorého Boh stvoril, bol živá bytosť zložená z ducha, duše a tela. Ako živá bytosť, ktorá mohla komunikovať s Bohom, ktorý je Duch, prvý človek sa tešil zo všetkých požehnaní, ktoré mu Boh dal a žil podľa jeho Slova.

Ale keď bol tento prvý človek pokúšaný satanom, neposlúchol Boží príkaz. V Gn 2, 16-17 je napísané: „Pán Boh prikázal človekovi: ,Môžeš jesť zo všetkých stromov záhrady, ale nejedz zo stromu poznania dobra a zla, lebo v deň, v ktorom by si z neho jedol, určite zomrieš.'"

Aj napriek tomu, že povinnosťou každého človeka je báť sa Boha a dodržiavať jeho prikázania (Kaz 12, 13), prvý stvorený človek nedodržal Boží príkaz. Nakoniec, potom, čo jedol zo stromu poznania dobra a zla, podľa Božieho varovania jeho duch zomrel a stal sa človekom duše, ktorý už viac nebol schopný komunikovať s Bohom. Okrem toho, duchovia všetkých jeho potomkov zomreli a stali sa telesnými ľuďmi, ktorí už viac neboli schopní vykonávať celú ich povinnosť. Adam bol vyhnaný z raja Edenu do prekliatej krajiny. On a všetci tí, ktorí prišli po ňom, teraz museli žiť uprostred smútku, utrpenia a choroby a mohli sa živiť iba potom z ich čela. Okrem toho, už nemohli žiť spôsobom hodným účelu Božieho stvorenia a pri ich snažení sa o nezmyselné veci v súlade s ich myslením zhrešili.

Preto, aby človek, ktorého duch zomrel a má len dušu a telo, mohol znovu žiť spôsobom, ktorý je hodný účelu Božieho stvorenia, potrebuje obnoviť jeho strateného ducha. Iba vtedy, keď mŕtvy duch v človeku ožije, stane sa človekom ducha, môže komunikovať s Bohom, ktorý je Duch a bude schopný žiť ako pravý človek. To je dôvod, prečo nám Boh prikazuje hľadať nášho strateného ducha.

Boh otvoril všetkým ľuďom cestu k oživeniu ich mŕtveho ducha, a tou cestou je Ježiš Kristus. Keď veríme v Ježiša Krista, ako nám Boh sľúbil, dostaneme dar Ducha Svätého. Duch Svätý príde a bude v nás prebývať a oživí nášho mŕtveho ducha. Keď hľadáme Božiu tvár a prijmeme Ježiša Krista, keď zaklope na dvere nášho srdca, Duch Svätý príde a zrodí v nás ducha (Jn 3, 6). Keď žijeme v poslušnosti k Duchu Svätému, odhodíme skutky tela, horlivo počúvame Božie slovo, vnímame ho, urobíme ho naším chlebom a modlíme sa nad ním, s jeho pomocou budeme môcť žiť podľa jeho Slova. Toto je proces, kedy mŕtvy duch ožije a človek sa stáva človekom ducha a obnoví stratený Boží obraz.

Ak chceme zjesť vysoko výživný žĺtok vajíčka, musíme najprv rozbiť škrupinu a odstrániť bielok. Rovnakým spôsobom, aby sa človek stal človekom ducha, musí odhodiť skutky tela a Duchom Svätým musí zrodiť ducha. Toto je „hľadanie", o ktorom hovorí Boh.

Predpokladajme, že sa všetky elektrické systémy na svete vypli. Žiadny odborník pracujúci osamote by nedokázal tieto systémy obnoviť. Jednému odborníkovi by zabralo priveľa času vyslať elektrikárov do všetkých častí sveta a vyrobiť potrebné diely, aby bola obnovená elektrina na celom svete.

A rovnako, na oživenie mŕtveho ducha a stať sa človekom úplného ducha, človek potrebuje počuť a poznať Božie slovo. Napriek tomu, len poznanie Slova nestačí na to, aby sa stal človekom ducha, musí ho usilovne prijímať, robiť ho svojím chlebom a modliť sa nad ním, aby mohol žiť podľa Božieho slova.

4. Klopte a otvorí sa vám

„Dvere", o ktorých hovoril Boh, sú dvere prísľubu, ktoré sa otvoria, keď naň zaklopeme. Na aký druh dverí nám Boh hovorí klopať? Sú to dvere srdca nášho Boha.

Predtým, než sme klopali na dvere srdca nášho Boha, On klopal na dvere nášho srdca ako prvý (Zjv 3, 20). V dôsledku toho, otvorili sme dvere nášho srdca a prijali Ježiša Krista. Teraz je rad na nás klopať na dvere jeho srdca. Pretože srdce nášho Boha je širšie ako nebo a hlbšie ako oceán, keď zaklopeme na dvere jeho nekonečne veľkého srdca, môžeme dostať čokoľvek. Keď sa modlíme a klopeme na dvere Božieho srdca, On otvorí brány nebies a vyleje na nás poklad. Keď Boh, ktorý otvorí a nikto nezatvorí, a ktorý zatvorí, a nikto neotvorí, otvorí brány nebies a požehná nás, nikto nemôže stáť v jeho ceste a v ceste záplave požehnania (Zjv 3, 7).

Božie odpovede môžeme dostať, keď klopeme na dvere jeho srdca. Napriek tomu, v závislosti od toho, ako veľmi človek na tie dvere klope, môže dostať buď veľké, alebo malé požehnanie. Ak chce dostať veľké požehnanie, brány nebies musia byť otvorené dokorán. A preto musí klopať na dvere Božieho srdca o to viac a usilovnejšie a potešovať ho.

Keďže Boh je potešený a raduje sa, keď odhodíme zlo a žijeme podľa jeho prikázaní v pravde, ak žijeme podľa Božieho slova, môžeme dostať všetko, o čo prosíme. Inými slovami, výrok „klopať na dvere Božieho srdca" sa vzťahuje na život podľa Božích prikázaní.

Keď horlivo klopeme na dvere jeho srdca, Boh nás nikdy nepokarhá a nepovie: „Prečo tak hlasno klopeš?" Je to presne naopak. Boh bude o to viac potešený a bude túžiť nám dať to, o čo prosíme. Preto dúfam, že budete klopať na dvere Božieho srdca svojimi skutkami, dostanete všetko, o čo budete prosiť, a tak vzdáte veľkú slávu Bohu.

Už ste niekedy trafili vtáka prakom? Spomínam si, keď ma kedysi jeden z otcových priateľov pochválil za moju schopnosť vyrobiť prak. Prak je zariadenie vyrobené starostlivým obrezávaním kusu dreva a strieľaním kameňa z gumového pásika, ktorý je priviazaný na koncoch kusu dreva v tvare písmena Y.

Keby som prirovnal verše v Mt 7, 7-11 k praku, tak slovo „prosiť" sa vzťahuje k nájdeniu praku a kameňa, ktorými môžeme trafiť vtáka. Potom je potrebné vybaviť sa schopnosťou trafiť vtáka. Načo by vám bol prak a kameň, keby ste nevedeli, ako prak použiť? Možno si budete chcieť postaviť cieľ, poriadne si prak obzrieť, vyskúšať si trafiť cieľ a rozhodnúť sa, ako najlepšie vtáka trafiť. Tento proces je ekvivalentom „hľadania." Ako Božie dieťa ste čítaním a chápaním Božieho slova a jeho prijímaním ako chleba teraz vybavení kvalifikáciou dostať jeho odpovede.

Ak už viete, ako používať prak a viete dobre triafať, teraz musíte párkrát vystreliť, a to môže byť prirovnané ku „klopaniu." Aj keď sú prak a kameň pripravené a vy viete nimi dobre triafať, ak nevystrelíte, vtáka netrafíte. Inými slovami, len vtedy, keď žijeme podľa Božieho slova, ktoré sme urobili chlebom v našom srdci, dostaneme od neho to, o čo prosíme.

Prosiť, hľadať a klopať nie sú oddelené procesy, ale prepojený postup. Teraz už viete, o čo prosiť, čo hľadať, a na čo klopať. V mene nášho Pána sa modlím, aby ste vzdali veľkú slávu Bohu ako jeho požehnané dieťa, keď získate odpovede na túžby vášho srdca usilovným a horlivým prosením, hľadaním a klopaním!

Kapitola 2

Verte, že ste ich dostali

Amen, hovorím vám,
keby niekto prikázal tomuto vrchu:
Zdvihni sa a zrúť sa do mora!
a nezapochyboval by v srdci,
ale veril by, že čo vyslovil, sa stane, splní sa mu to.
Preto vám hovorím:
Všetko, o čo sa modlíte a prosíte,
verte, že ste dostali a budete mať.

(Mk 11, 23-24)

1. Veľká moc viery

Jedného dňa učeníci, ktorí išli s Ježišom, počuli, ako ich učiteľ povedal neplodného figovníku: „Nech sa na tebe už nikdy viac neurodí ovocie!" (Mt 21, 19) Keď videli, že strom ihneď uschol až ku koreňom, učeníci boli ohromení a dopytovali sa Ježiša. Odpovedal im: „Amen, hovorím vám: Ak budete mať vieru a nebudete pochybovať, urobíte nielen to, čo som urobil s figovníkom, ale ak poviete aj tomuto vrchu: Zdvihni sa a hoď sa do mora!, stane sa to" (Mt 21, 21).

Ježiš nám tiež prisľúbil: „Ak nie pre iné, aspoň pre tie skutky verte! Amen, amen, hovorím vám, že aj ten, kto verí vo mňa, bude konať skutky, aké ja konám, ba bude konať ešte väčšie, lebo ja idem k Otcovi a urobím všetko, o čo budete prosiť v mojom mene, aby Otec bol oslávený v Synovi. Keď ma budete o niečo prosiť v mojom mene, ja to urobím" (Jn 14, 12-14) a „Ak zostávate vo mne, a ak aj moje slová zostávajú vo vás, proste, čo len chcete, a stane sa vám. Môj Otec je oslávený tým, že prinášate veľa ovocia, a že sa stávate mojimi učeníkmi" (Jn 15, 7-8).

Stručne povedané, pretože Boh Stvoriteľ je Otcom tých, ktorí prijali Ježiša Krista, môžu mať túžby ich srdca splnené, ak veria Božiemu slovu a podľa neho aj konajú. V Mt 17, 20 nám Ježiš hovorí: „Pre vašu malú vieru. Amen, hovorím vám: Keby ste mali vieru čo i len ako horčičné semienko a povedali by ste tomuto vrchu: Prejdi odtiaľto tam!, tak prejde, a nič pre vás nebude nemožné." Prečo teda tak veľa ľudí nedostáva odpovede od Boha a nevzdáva mu slávu napriek nespočetným hodinám modlitieb? Poďme zistiť, ako môžeme vzdať Bohu slávu, keď dostaneme všetko, za čo sa modlíme, a o čo prosíme.

2. Verte vo všemohúceho Boha

Aby ľudia prežili od okamihu ich narodenia, potrebujú také nevyhnutné položky, ako sú potraviny, oblečenie, prístrešie, a podobne. Napriek tomu, najneoddeliteľnejším prvkom pre udržanie života je dýchanie; umožňuje životnú existenciu a vďaka nemu sa oplatí žiť. Aj keď Božie deti, ktoré prijali Ježiša Krista a znovu sa zrodili, tiež v živote vyžadujú veľa vecí, najzákladnejšiou zo všetkých vecí v ich životoch je modlitba.

Modlitba je cestou rozhovoru s Bohom, ktorý je Duch, rovnako ako aj dýchanie pre nášho ducha. Okrem toho, keďže modlitba je tiež prostriedkom pre prosenie Boha a získanie jeho odpovede, najvýznamnejším aspektom v modlitbe je srdce, ktorým veríme vo všemohúceho Boha. V závislosti od miery viery človeka v Boha pri modlitbe bude cítiť istotu Božích odpovedí a bude dostávať odpovede podľa jeho viery.

Kto je tento Boh, v ktorého veríme? Pri jeho vlastnom opise nám v Zjv 1, 8 Boh povedal: „Ja som Alfa i Omega, hovorí Pán, Boh, ktorý je, ktorý bol a ktorý príde, Všemohúci." Boh opísaný v starom zákone je Stvoriteľ všetkého vo vesmíre (Gn 1, 1-31), ktorý rozdelil Červené more a umožnil, aby ho prekročili Izraeliti, ktorí odišli z Egypta (Ex 14, 21-29). Keď Izraeliti konali nasledovaním Božieho príkazu a po dobu siedmich dní obchádzali mesto Jericho, a potom hlasno skríkli, zdanlivo nezničiteľné múry Jericha sa zrútili (Joz 6, 1-21). Keď sa Jozue modlil k Bohu uprostred bitky proti Amorejčanom, Boh zastavil slnko a mesiac (Joz 10, 12-14).

V novom zákone Ježiš, Syn všemohúceho Boha, kriesil mŕtvych (Jn 11, 17-44), uzdravoval každú chorobu a neduh (Mt 4, 23-24), otváral oči slepým (Jn 9, 6-11) a chromých staval na nohy (Sk 3, 1-10). Navyše, jeho slovom vyhnal nepriateľa diabla a zlých duchov (Mk 5, 1-20) a piatimi bochníkmi chleba a dvoma rybami nakŕmil 5 000 ľudí a nasýtili sa (Mk 6, 34-44).

Taktiež, tým, že upokojil vietor a vlny, nám ukázal, že On je vládcom všetkých vecí vo vesmíre (Mk 4, 35-39).

Preto musíme veriť vo všemohúceho Boha, ktorý nám v jeho hojnej láske dáva dobré dary. Ježiš nám povedal v Mt 7, 9-11: „Kto z vás je taký človek, že by dal synovi kameň, keď si prosí chlieb, alebo že by mu dal hada, keď si prosí rybu? Keď teda vy, hoci ste zlí, viete dávať dobré dary svojim deťom, o čo skôr dá dobré dary váš nebeský Otec tým, čo ho prosia!" Boh lásky chce nám – jeho deťom – dať tie najlepšie dary.

V jeho pretekajúcej láske nám Boh dal jeho jediného Syna. Čo viac nám mohol dať? Iz 53, 5-6 nám hovorí: „On však bol prebodnutý za naše hriechy, zdrvený za naše neprávosti. Trest, ktorý nám priniesol pokoj, spočinul na ňom a pre jeho rany sa nám dostalo uzdravenie. Všetci sme blúdili ako ovce, každý išiel svojou cestou, ale Pán na neho uvalil neprávosti nás všetkých." Skrze Ježiša Krista, ktorého pre nás Boh pripravil, sme dostali život skrze smrť a môžeme sa tešiť z pokoja a byť uzdravení.

Ak Božie deti slúžia všemocnému a živému Bohu ako svojmu Otcovi a veria, že Boh spôsobí, že všetkým, ktorí ho milujú, bude sa vo všetkom dariť a odpovie tým, čo k nemu volajú, nemusia sa báť alebo byť nepokojní v čase pokušení a súžení, ale namiesto toho vzdávať vďaky, radovať sa a modliť sa.

Toto znamená „veriť v Boha" a takýto prejav viery ho veľmi potešuje. Boh nám odpovedá podľa našej viery a ponúkaním dôkazov o jeho existencii nám umožňuje vzdávať mu slávu.

3. Proste s vierou a nepochybujte

Boh Stvoriteľ neba, zeme a ľudstva dovolil človeku zaznamenať v Biblii všetko tak, aby bola jeho vôľa a prozreteľnosť oznámená všetkým. Boh sa zároveň neustále zjavuje tým, ktorí veria v jeho Slovo a podľa neho aj konajú. Skrze diel úžasných znamení a zázrakov nám dokazuje, že je živý a všemohúci.

V živého Boha môžeme veriť jednoduchým pohľadom na stvorenie sveta (Rim 1, 20) a vzdať Bohu slávu získaním jeho odpovede na modlitbu sprevádzanú našou vierou v neho.

Existuje „telesná viera", ktorou môžeme veriť, pretože naše poznanie alebo myšlienka sa zhoduje s Božím slovom a „duchovná viera", čo je druh viery, ktorou môžeme dostať od neho odpovede. Ak je to, čo nám hovorí Božie slovo, ľudským poznaním a myšlienkami nepravdepodobné, keď prosíme s vierou v neho, Boh nám dáva vieru a pocit istoty. Tieto prvky sa kryštalizujú v odpoveď, a to je duchovná viera.

Preto nám Jak 1, 6-8 hovorí: „Nech však prosí s vierou, bez akéhokoľvek pochybovania, lebo kto pochybuje, podobá sa morskej vlne, hnanej a zmietanej vetrom. Taký človek nech si nemyslí, že dostane niečo od Pána; je to muž vnútorne rozpoltený a nestály vo všetkom svojom počínaní."

Pochybovanie pochádza z poznania človeka, jeho myšlienok, argumentov a domýšľavosti a privádza nás k nepriateľovi diablovi. Pochybujúce srdce je dvojzmyselné a prefíkané, a to Boh nenávidí najviac. Aké tragické by bolo, keby vaše deti nechceli uveriť, že ste ich biologickým otcom alebo matkou, ale namiesto toho by o tom pochybovali? Z rovnakého dôvodu, ako by Boh mohol odpovedať na modlitby jeho detí, ak nie sú schopné mu uveriť, že je ich otcom, aj keď im dal život a staral sa o nich?

Preto je nám pripomínané: „Pretože zmýšľanie tela je nepriateľstvom voči Bohu – nepodrobuje sa totiž Božiemu zákonu; veď sa ani nemôže. Tí, čo žijú v tele, nemôžu sa páčiť

Bohu" (Rim 8, 7-8) a sme vyzývaní: „Zničiť každú povýšenosť, čo sa dvíha proti poznávaniu Boha, a nimi viažeme každú myšlienku na poslušnosť Kristovi" (2 Kor 10, 5).

Ak sa naša viera stane duchovnou vierou a nemáme žiadne pochybnosti, Boh je úplne potešený a dá nám čokoľvek, o čo prosíme. Keď ani Mojžiš, ani Jozue nepochybovali, ale iba konali vo viere, mohli rozdeliť Červené more, prejsť cez rieku Jordán a zničiť múry Jericha. Rovnakým spôsobom, keď poviete vrchu: „Zdvihni sa a hoď sa do mora" a nepochybujete o tom vo svojom srdci, ale veríte, že sa stane to, čo hovoríte, stane sa tak.

Predpokladajme, že ste povedali vrchu Mount Everest: „Hoď sa do Indického oceánu." Dostali by ste odpoveď na vašu modlitbu? Je zrejmé, že by nasledoval globálny chaos, ak by bol Mount Everest skutočne hodený do Indického oceánu. Toto nemôže byť a nie je Božia vôľa, takáto modlitba nedostane odpoveď bez ohľadu na to, ako veľmi sa budete modliť, pretože On vám nedá duchovnú vieru, ktorou v neho môžete veriť.

Ak sa modlíte za dosiahnutie niečoho, čo je proti Božej vôli, nezískate druh viery, ktorou môžete vo vašich srdciach veriť. Na začiatku môžete veriť, že vaša modlitba dostane odpoveď, ale postupom času budú narastať pochybnosti. Iba ak sa modlíme a prosíme v súlade s Božou vôľou bez akýchkoľvek pochybností, dostaneme jeho odpovede. Preto, ak ste na vašu modlitbu ešte nedostali odpoveď, je potrebné si uvedomiť, že je to preto, že ste žiadali o niečo, čo stojí proti Božej vôli, alebo že pochybujete, alebo ste pochybovali o jeho Slove.

1 Jn 3, 21-22 nám pripomína: „Milovaní, ak nás srdce neobviňuje, máme istotu v Bohu a o čokoľvek prosíme, dostaneme od neho, lebo zachovávame jeho prikázania a robíme, čo sa mu páči."

Ľudia, ktorí konajú podľa Božích prikázaní a to, čo sa páči Bohu, neprosia o veci, ktoré sú v rozpore s Božou vôľou. Môžeme dostať čokoľvek, o čo prosíme, ak je naša modlitba v súlade s jeho vôľou. Boh nám hovorí: „Všetko, o čo sa modlíte a prosíte, verte, že ste dostali a budete mať" (Mk 11, 24).

Preto, aby ste získali Božie odpovede, musíte od neho najskôr dostať duchovnú vieru, ktorú vám dá, keď konáte a žijete podľa jeho Slova. Keď zničíte všetky argumenty a špekulácie stojace proti poznaniu Boha, pochybnosti zmiznú a budete mať duchovnú vieru, ktorou dostanete všetko, o čo budete prosiť.

4. Všetko, o čo sa modlíte a prosíte, verte, že ste dostali

Nm 23, 19 nám pripomínajú: „Boh nie je človek, aby klamal, nie je syn človeka, aby ľutoval. Povie azda a nespraví? Sľúbi a nesplní?"

Ak skutočne veríte v Boha, prosíte s vierou a ani trochu nepochybujete, musíte veriť, že už ste dostali všetko, o čo ste prosili, a za čo sa modlili. Boh je všemohúci a verný a prísľúbil, že nám odpovie.

Prečo teda tak veľa ľudí hovorí, že sa im nedarí získať jeho odpovede, aj keď sa modlia s vierou? Je to preto, že im Boh neodpovedal? Nie. Boh iste odpovedal na ich modlitbu, ale chvíľu to trvá, pretože sa ešte nepripravili ako nádoby hodné prijatia jeho odpovedí.

Keď farmár seje semená, verí, že bude žať ovocie, ale nemôže zbierať ovocie okamžite. Potom, čo sú semená zasiate, vyklíčia, zakvitnú a prinesú ovocie. Niektorým semenám trvá dlhšie, kým prinesú ovocie, iným kratšie. A rovnako, proces získania Božích odpovedí si vyžaduje takýto proces zasiatia a starania sa.

Predpokladajme, že nejaký študent sa modlil: „Daj, aby som sa dostal na štúdium na Harvardskú univerzitu." Keď sa modlil s vierou v Božiu moc, Boh mu iste odpovie na jeho modlitbu. Avšak, odpoveď na jeho modlitbu nemusí prísť hneď. Boh pripravuje študenta, aby sa stal nádobou vhodnou pre jeho odpovede, a neskôr mu odpovie na modlitbu. Boh mu dá srdce tvrdo a usilovne študovať, aby bol v škole úspešný. Keď študent pokračuje v modlitbe, Boh odstráni z jeho mysle všetky svetské myšlienky a dá mu múdrosť a naučí ho študovať efektívnejšie. Podľa skutkov študenta Boh zariadi, aby sa mu vo všetkom darilo a vybaví ho kvalifikáciou pre vstup na Harvard, a keď príde čas, Boh mu umožní dostať sa na Harvard.

Rovnaké pravidlo platí aj pre ľudí postihnutých chorobou. Keď skrze Božie slovo pochopia príčinu chorôb a to, ako sa dajú liečiť, pri modlitbe s vierou môžu získať uzdravenie. Musia nájsť múr hriechu, ktorý stojí medzi nimi a Bohom a dostať sa k zdroju choroby. V prípade, že choroba prišla kvôli nenávisti, musia odhodiť nenávisť a premeniť si srdce na srdce lásky. V prípade, že choroba prišla kvôli prejedaniu sa, musia dostať od Boha silu na sebaovládanie a zbaviť sa ich škodlivého zlozvyku. Iba prostredníctvom týchto procesov Boh dáva ľuďom vieru, ktorou môžu veriť a pripraviť sa ako nádoby hodné prijatia jeho odpovedí.

Modlitba za prosperitu podniku sa v ničom nelíši od vyššie uvedených prípadov. Keď sa modlíte za získanie požehnania vašej firmy, Boh vás najprv vystaví skúške, aby ste sa stali nádobou hodnou jeho požehnania. Dá vám múdrosť a silu, aby sa vaša schopnosť viesť podnik zlepšila, a tým rástol váš podnik, aby ste tak boli vedení do vynikajúcej situácie vedenia podniku. Povedie vás k dôveryhodným ľuďom, postupne bude zvyšovať vaše príjmy a kultivovať váš podnik. Keď nastane čas podľa jeho výberu, odpovie vám na vaše modlitby.

Prostredníctvom týchto siacich a starajúcich sa procesov Boh vedie vašu dušu k prosperite a vystaví vás skúške, aby ste sa stali nádobou hodnou získať všetko, o čo prosíte. Preto je potrebné nikdy nebyť netrpezlivý na základe vlastných myšlienok. Namiesto toho, mali by ste sa zosúladiť s časovým rámcom Boha a čakať, kým príde jeho čas, veriac, že ste už dostali od neho odpovede.

Všemohúci Boh, v súlade s právnymi predpismi duchovnej oblasti, odpovedá jeho deťom v jeho spravodlivosti a zapáčia sa mu tí, ktorí ho prosia s vierou. Hebr 11, 6 nám pripomína: „Bez viery však nie je možné zapáčiť sa Bohu. Veď kto pristupuje k Bohu, musí veriť, že Boh je a že odmeňuje tých, čo ho hľadajú."

V mene nášho Pána sa modlím, aby ste sa zapáčili Bohu druhom viery, ktorou budete veriť, že ste už dostali všetko, o čo v modlitbe prosíte a vzdali mu veľkú slávu, získaním všetkého, o čo prosíte!

Kapitola 3

Druh modlitby, ktorou sa zapáčime Bohu

Potom vyšiel von
a ako zvyčajne odobral sa na Olivový vrch,
a učeníci ho nasledovali.
Keď prišiel na miesto, povedal im:
„Modlite sa, aby ste neprišli do pokušenia!"

Sám sa od nich vzdialil asi natoľko,
čo by kameňom dohodil,
padol na kolená a modlil sa:
„Otče, ak chceš, odvráť odo mňa tento kalich,
no nech sa stane nie moja, ale tvoja vôľa!"

Tu sa mu zjavil anjel z neba a posilňoval ho.
V smrteľnej úzkosti sa modlil ešte vrúcnejšie
a jeho pot stekal na zem
ako kvapky krvi.

(Lk 22, 39-44)

1. Ježiš nám dal príklad správnej modlitby

Lk 22, 39-44 opisuje scénu, v ktorej sa Ježiš modlil v Getsemanskej záhrade večer pred tým, ako mal niesť kríž na otvorenie cesty ku spáse pre celé ľudstvo. Tieto verše nám ponúkajú mnoho aspektov o druhu postoja a srdca, ktoré by sme mali mať, keď sa modlíme.

Ako sa modlil Ježiš, aby nielen dokázal niesť ťažký kríž, ale zároveň prekonal nepriateľa diabla? Aký druh srdca mal Ježiš, keď sa modlil, že sa jeho modlitbou zapáčil Bohu a On zoslal z neba anjela, aby ho posilnil?

Na základe týchto veršov sa poďme pozrieť na správny postoj v modlitbe a druh modlitby, ktorou sa zapáčime Bohu. Každého z vás vyzývam, aby ste sa pozreli na vlastný život modlitby.

1) Ježiš sa modlil neustále

Boh nám hovorí, aby sme sa bez prestania modlili (1 Tes 5, 17) a sľúbil nám, že nám dá všetko, o čo ho budeme prosiť (Mt 7, 7). Aj keď je správne neprestajne sa modliť a prosiť, väčšina ľudí sa modlí len vtedy, keď niečo chcú alebo majú problémy.

Ale Ježiš vyšiel von a podľa jeho zvyku išiel na Olivovú horu (Lk 22, 39). Prorok Daniel sa aj naďalej trikrát denne modlil, kľaciac pred Bohom na kolenách, a vzdával mu vďaky, ako to robieval aj predtým (Dan 6, 10). A dvaja z Ježišových učeníkov, Peter a Ján, sa denne modlili v určitú hodinu (Sk 3, 1). Musíme nasledovať Ježišov príklad a vytvoriť si zvyk, že sa budeme neustále každý deň v určitú hodinu modliť. Bohu sa obzvlášť páči ranná modlitba ľudí, ktorou na začiatku každého dňa odovzdávajú všetko Bohu a nočná modlitba, ktorou na konci každého dňa vzdávajú vďaky za Božiu ochranu počas dňa. Prostredníctvom týchto modlitieb môžete získať jeho veľkú moc.

2) Ježiš pri modlitbe kľačal

Keď kľačíte, srdce, s ktorým sa modlíte, je pokorné a preukazuje úctu k ľuďom, s ktorými sa rozprávate. Je prirodzené, že každý, kto sa modlí k Bohu, pri modlitbe pokľakne.

Keď sa Ježiš, Syn Boží, modlil k všemohúcemu Bohu, kľačal a modlil sa s pokorným srdcom. Kráľ Šalamún (1 Kr 8, 54), apoštol Pavol (Sk 20, 36) a diakon Štefan, ktorý zomrel mučeníckou smrťou (Sk 7, 60), tiež všetci pri modlitbe kľačali.

Keď prosíme našich rodičov alebo niekoho, kto má moc, o láskavosť alebo o niečo, po čom túžime, znervóznieme a zo všetkých síl sa snažíme predísť nejakej chybe. Prečo by sme teda mali byť povrchní v mysli a tele, ak vieme, že sa rozprávame s Bohom Stvoriteľom? Pokľaknutie je výrazom srdca, ktoré uctieva Boha a verí v jeho moc. Musíme sa očistiť a pokorne pri modlitbe pokľaknúť.

3) Ježišova modlitba bola v súlade s Božou vôľou

Ježiš sa modlil k Bohu slovami: „No nech sa stane nie moja, ale tvoja vôľa!" (Lk 22, 42) Ježiš, Syn Boží, prišiel na zem, aby zomrel na drevenom kríži, aj keď bol nevinný a bezhriešny. To je dôvod, prečo sa modlil: „Otče, ak chceš, odvráť odo mňa tento kalich" (Lk 22, 42). Ale On poznal Božiu vôľu, ktorou malo byť celé ľudstvo zachránené prostredníctvom jedného človeka, a preto sa nemodlil pre jeho vlastné dobro, ale iba v súlade s Božou vôľou.

1 Kor 10, 31 nám hovorí: „Či teda jete, alebo pijete, alebo čokoľvek robíte, všetko robte na Božiu slávu." Ak o niečo prosíme, čo nie je na Božiu slávu, ale sú to žiadostivé túžby, neprosíme o správne veci; musíme sa modliť iba v súlade s Božou vôľou. Okrem toho, Boh nám hovorí, aby sme pamätali na to, čo je napísané v Jak 4, 2-3: „Ste žiadostiví, ale nemáte; vraždíte a závidíte, ale nemôžete nič dosiahnuť; bijete sa a bojujete, ale nič nemáte, lebo neprosíte; prosíte, ale nedostávate, lebo prosíte zle; chcete to

premárniť podľa svojich zlých žiadostí." Preto sa musíme obzrieť a zistiť, či sa nemodlíme len pre naše dobro.

4) Ježiš v modlitbe zápasil

V Lk 22, 44 nájdeme, ako úprimne sa Ježiš modlil. „V smrteľnej úzkosti sa modlil ešte vrúcnejšie a jeho pot stekal na zem ako kvapky krvi."

Teplota v Getsemanskej záhrade, kde sa Ježiš modlil, v noci natoľko klesá, že je ťažké sa tam potiť. Viete si predstaviť, aký napätý bol Ježiš v úprimnej a vrúcnej modlitbe, že mu pot stekal na zem ako kvapky krvi? Keby sa Ježiš modlil v tichosti, mohol by sa modliť tak vrúcne, že by sa pri modlitbe potil? Pretože Ježiš volal k Bohu vrúcne a úprimne, jeho pot „stekal na zem ako kvapky krvi."

V Gn 3, 17 Boh povedal Adamovi: „Pretože si poslúchol hlas svojej ženy a jedol si zo stromu, z ktorého som ti zakázal jesť, nech je pre teba prekliata pôda. S námahou sa z nej budeš živiť po všetky dni svojho života." Predtým, než bol človek prekliaty, žil život v hojnosti všetkého, čo mu Boh dával. Keď skrze jeho neposlušnosť voči Bohu do neho vstúpil hriech a jeho komunikácia s jeho Stvoriteľom už nebola možná, už sa mohol živiť iba skrze ťažkú námahu.

Ak to, čo je pre nás možné, môžeme dosiahnuť iba prostredníctvom námahy, čo máme robiť, keď prosíme Boha o niečo, čo je pre nás nemožné? Majte prosím na pamäti, že iba volaním k Bohu v modlitbe, námahou a potom môžeme dostať od Boha to, po čom túžime. Okrem toho, pamätajte na to, ako nám Boh povedal, že námaha a úsilie sú nutné pre prinášanie ovocia, a na to, ako sám Ježiš sa vrúcne namáhal a zápasil v modlitbe. Majte toto na pamäti, robte presne to, čo robil Ježiš a modlite sa spôsobom, ktorý sa páči Bohu.

Priblížili sme si to, ako sa modlil Ježiš, ktorý nám dal príklad správnej modlitby. Ak Ježiš, ktorý mal všetku moc, modlil sa tak veľa, že sa stal príkladom, s akým druhom postoja by sme sa mali modliť my, obyčajné Božie stvorenia? Vonkajší vzhľad a postoj modlitby človeka vyjadrujú jeho srdce. Z tohto dôvodu, druh srdca, s ktorým sa modlíme, môže byť rovnako dôležité ako postoj, s ktorým sa modlíme.

2. Najpodstatnejšie skutočnosti pre druh modlitby, ktorá potešuje Boha

S akým druhom srdca by sme sa mali modliť, aby sme potešili Boha a On odpovedal na našu modlitbu?

1) Musíte sa modliť celým srdcom

Prostredníctvom spôsobu, akým sa modlil Ježiš, naučili sme sa, že modlitba zo srdca človeka vychádza z postoja, s ktorým sa modlí k Bohu. Na základe postoja môžeme povedať, s akým druhom srdca sa človek modlí.

Pozrite sa na Jakubovu modlitbu v Gn 32. Keď Jakub došiel k rieke Jabbók, ocitol sa v ťažkostiach. Jakub sa nemohol vrátiť, pretože sa dohodol so svojím strýkom Labanom, že neprekročí hraničnú čiaru s názvom Gál-Ed. Nemohol ani prekročiť rieku Jabbók, pretože na druhej strane ho čakal jeho brat Ezau so 400 mužmi, aby ho chytili. V tejto zúfalej chvíli boli Jakubova hrdosť a ego, na ktoré sa spoliehal, úplne zničené. Jakub si konečne uvedomil, že iba vtedy, keď všetko, čo má, odovzdá Bohu a zmení si srdce, budú jeho problémy vyriešené. Keď Jakub zápasil v modlitbe do tej miery, že sa mu vykĺbil bedrový kĺb, nakoniec dostal Božiu odpoveď. Jakub bol schopný pohnúť Božím srdcom a zmieriť sa so svojím bratom, ktorý sa s ním chcel vysporiadať.

Pozrite sa bližšie na 1 Kr 18, kde prorok Eliáš dostal od Boha „ohnivú odpoveď" a vzdal Bohu veľkú slávu. Keď počas vlády kráľa Achába prekvitalo modlárstvo, Eliáš sa sám vysporiadal so 450 prorokmi Baála a porazil ich privolaním Božej odpovede pred očami synov Izraela a vydaním svedectva o živom Bohu.

To bolo v čase, keď si Acháb myslel, že prorok Eliáš bol zodpovedný za tri a polročné sucho, ktoré postihlo Izrael a hľadal proroka. Avšak, keď Boh nariadil Eliášovi, aby predstúpil pred Achába, prorok rýchlo poslúchol. Keď prorok predstúpil pred kráľa, ktorý ho hľadal, aby ho zabil, smelo vyslovil to, čo skrze neho hovoril Boh a všetko zmenil skrze modlitbu viery, v ktorej nebolo ani trochu pochybností. Navyše, na ľuďoch, ktorí predtým uctievali modly, uskutočnilo sa dielo pokánia, keď sa vrátili k Bohu. Okrem toho, Eliáš sa sklonil po zem a vložil si tvár medzi kolená, keď sa vrúcne modlil za uskutočnenie Božieho diela na zemi a ukončenie sucha, ktoré sužovalo krajinu tri a pol roka (1 Kr 18, 42).

Náš Boh nám pripomína v Ez 36, 36-37: „Ja, Pán, som predpovedal a splním to. Takto vraví Pán Boh: ,Ešte v tomto sa dám uprosiť domu Izraela, aby som im to vyplnil: ľud pri nich rozmnožím ako ovce.'" Inými slovami, aj keď Boh Eliášovi prisľúbil silný dážď na Izrael, silný dážď nemohol padnúť bez Eliášovej vrúcnej modlitby z hĺbky jeho srdca. Modlitba zo srdca môže skutočne pohnúť Božím srdcom a dotknúť sa ho, aby nám ihneď odpovedal a umožnil vzdať mu slávu.

2) V modlitbe k Bohu musíte volať

Boh nám prisľúbil, že nás vypočuje a stretne sa s nami, keď k nemu voláme, modlíme sa a celým srdcom ho hľadáme (Jer 29, 12-13; Prís 8, 17). V Jer 33, 3 nám tiež prisľúbil: „Volaj ku mne a odpoviem ti, oznámim ti veľké a neprístupné veci, ktoré nepoznáš." Dôvod, prečo nám Boh hovorí, aby sme k nemu v modlitbe volali, je to, že keď k nemu v modlitbe hlasno voláme, budeme schopní sa modliť celým srdcom. Inými slovami, keď voláme v modlitbe, oddelíme sa od svetských myšlienok, únavy, ospalosti a vlastné myšlienky už v našej mysli nenájdu žiadne miesto.

Ale aj napriek tomu, mnoho cirkví dnes verí a učí ich spoločenstvá, že byť ticho vo vnútri svätyne je „zbožné" a „sväté." Keď niektorí bratia hlasno volajú k Bohu, zvyšok spoločenstva to hneď považuje za nesprávne, a dokonca takýchto ľudí odsudzujú za kacírov. Toto sa deje v dôsledku nepoznania Božieho slova a jeho vôle.

Rané cirkvi, ktoré boli svedkami veľkých prejavov Božej moci a oživenia, mohli potešiť Boha v plnosti Ducha Svätého, pretože jednomyseľne pozdvihli hlas k Bohu (Sk 4, 24). Aj dnes môžeme vidieť nespočetné množstvo uskutočnených zázračných znamení a zázrakov a veľké oživenie v cirkvách, ktoré volajú k Bohu silným hlasom a nasledujú Božiu vôľu a podľa nej aj žijú.

„Volanie k Bohu" predstavuje modlenie sa k Bohu vo vrúcnej modlitbe a zvýšeným hlasom. Prostredníctvom takej modlitby môžu byť bratia a sestry v Kristovi naplnení Duchom Svätým, a keď sú rušivé sily nepriateľa diabla zahnané, môžu dostať odpovede na ich modlitby a duchovné dary.

V Biblii je nespočetné množstvo záznamov o prípadoch, kedy Ježiš a mnohí predkovia viery hlasno volali k Bohu a získali jeho odpovede.

Pozrime sa na niekoľko prípadov v starom zákone.

V Ex 15, 22-25 je scéna, v ktorej Izraeliti po ich odchode z Egypta práve bezpečne peši prešli cez Červené more, keď ho Mojžišova viery rozdelila. Pretože viera Izraelitov bola malá, reptali proti Mojžišovi, keď pri prechode púšťou Súr nemali vodu. Keď Mojžiš „volal" k Bohu, horká voda v Mare sa premenila na sladkú.

V Nm 12 je scéna, v ktorej Mojžišova sestra Miriam zmalomocnela, pretože reptala proti nemu. Keď Mojžiš volal k Bohu slovami: „Bože, prosím Ťa, uzdrav ju!" Boh uzdravil Miriam od malomocenstva.

V 1 Sam 7, 9 čítame: „Samuel vzal mladé jahňa a obetoval ho ako spaľovanú celostnú obetu Pánovi. Volal o pomoc pre Izrael a Pán mu dal odpoveď."

V 1 Kr 17 je príbeh o vdove zo Sarepty, ktorá sa starala o Eliáša, Božieho služobníka. Keď jej syn ochorel a zomrel, Eliáš volal k Bohu a povedal: „Pane, Bože môj, oživ, prosím, toto dieťa." Boh počul Eliášov hlas a život sa vrátil do dieťaťa a ožilo (1 Kr 17, 21-22). Vidíme, že keď Boh počul Eliášovo volanie, odpovedal na prorokovu modlitbu.

Aj Jonáš, ktorého prehltla veľryba a bol v jej vnútri uväznený v dôsledku jeho neposlušnosti voči Bohu, získal spásu, keď volal k Bohu v modlitbe. V Jon 2, 2 vidíme, že keď sa modlil: „K Pánovi som volal zo svojho súženia a on ma vypočul. Z útrob podsvetia som kričal o pomoc, ty si začul môj hlas," Boh vyslyšal jeho volanie a zachránil ho. Bez ohľadu na to, aká bezvýchodisková a znepokojujúca je situácia, v ktorej sa nachádzame, ako to bolo u Jonáša, Boh nám splní túžby nášho srdca, odpovie nám a dá nám riešenie na naše problémy, keď z previnení voči nemu konáme pokánie a voláme k nemu.

Nový zákon je tiež plný scén, v ktorých ľudia volali k Bohu. V Jn 11, 43-44 nájdeme, že Ježiš zvolal mocným hlasom: „Lazár, poď von," a muž, ktorý zomrel, vyšiel, ruky a nohy mal obviazané obväzmi a tvár mal zakrytú šatkou. Pre mŕtveho Lazára by nebol žiadny rozdiel, či Ježiš zvolal mocným hlasom alebo zašepkal. Ale Ježiš hlasno zvolal k Bohu. Ježiš priviedol Lazára, ktorého telo už bolo v hrobe 4 dni, späť k životu jeho modlitbou v súlade s Božou vôľou a zjavil Božiu slávu.

Mk 10, 46-52 nám hovorí o uzdravení slepého žobráka menom Bartimeus:

> *„Keď Ježiš vychádzal s učeníkmi a početným zástupom z Jericha, sedel pri ceste slepý žobrák, Timaiov syn Bartimej. Keď slepec začul, že je to Ježiš Nazaretský, začal volať: „Ježiš, Syn Dávidov, zmiluj sa nado mnou!" Mnohí mu dohovárali, aby mlčal, ale on kričal ešte hlasnejšie: „Syn Dávidov, zmiluj sa*

nado mnou!" Ježiš sa zastavil a povedal: „Zavolajte ho!" Nato slepca privolali a povedali mu: „Dúfaj! Vstaň, volá ťa!" A on zhodil plášť, vyskočil a prišiel k Ježišovi. Ježiš sa ho spýtal: „Čo chceš, aby som ti urobil?" Slepec mu povedal: „Rabbúni, aby som videl." Tu mu Ježiš povedal: „Choď, tvoja viera ťa uzdravila!" A slepý hneď videl a šiel po ceste za ním."

V Sk 7, 59-60 diakon Štefan volal k Pánovi, keď bol mučený: „Pane Ježišu, prijmi môjho ducha." Potom padol na kolená a zvolal silným hlasom: „Pane, nepočítaj im tento hriech!"

A v Sk 4, 23-24; 31 je napísané: „Keď ich prepustili, prišli k svojim a porozprávali, čo im povedali veľkňazi a starší. Keď ich počuli, jednomyseľne pozdvihli svoj hlas k Bohu a povedali: ‚Pane, ty si stvoril nebo a zem, more a všetko, čo je v nich.' Keď sa modlili, zatriaslo sa miesto, kde boli zhromaždení, všetkých naplnil Svätý Duch a s odvahou ohlasovali Božie slovo."

Keď voláte k Bohu, môžete sa stať skutočným svedkom Ježiša Krista a uskutočňovať moc Ducha Svätého.

Boh nám povedal, aby sme k Nemu volali, aj keď sa postíme. Ak väčšinu nášho času počas pôstu trávime spánkom v dôsledku únavy, nedostaneme od Boha žiadne odpovede. Boh nám v Iz 58, 9 sľubil: „Vtedy budeš volať a Pán ti odpovie, budeš volať o pomoc a on ti povie: Tu som!" Podľa jeho prisľúbenia, ak voláme aj v pôste, zostúpi na nás milosť a moc zhora a my zvíťazíme a dostaneme Božiu odpoveď.

V „podobenstve o neodbytnej vdove" sa nás Ježiš opýtal rečnícku otázku: „Či sa Boh nezastane svojich vyvolených, ktorí k nemu volajú dňom i nocou? Či bude meškať s pomocou pre nich?" A povedal nám, aby sme v modlitbe volali (Lk 18, 7).

Preto, ako nám hovorí Ježiš v Mt 5, 18: „Amen, hovorím vám: Pokiaľ nepominie nebo a zem, nepominie ani najmenšie písmenko, ani jediná čiarka zo zákona, kým sa všetko nestane," keď sa Božie deti modlia, je len prirodzené, že budú v modlitbe volať. Je to Boží príkaz. Keďže jeho zákon nariaďuje, že budeme jesť ovocie skrze našu námahu, Božie odpovede môžeme dostať vtedy, keď k nemu voláme.

Niektorí ľudia môžu namietať, stavajúc ich tvrdenia na Mt 6, 6-8 a pýtať sa: „Musíme volať k Bohu, aj keď On už vie, čo potrebujeme ešte predtým, než ho začneme prosiť?" Alebo: „Prečo máme volať, keď nám Ježiš povedal modliť sa v tichosti v izbe za zavretými dverami?" Ale nikde v Biblii nenájdete pasáže, ktoré by odkazovali na ľudí modliacich sa v tichosti v pohodlí ich izby.

Pravý zmysel Mt 6, 6-8 nabáda, aby sme sa modlili celým srdcom. Vojdite do vašej vnútornej izby a zatvorte za sebou dvere. Ak by ste boli v izbe, ktorá je v súkromí a je tichá za zatvorenými dverami, nebudete odrezaní od všetkých vonkajších kontaktov? Rovnako ako sme odrezaní od všetkých vonkajších vplyvov v našich izbách za zavretými dverami, Ježiš nám v Mt 6, 6-8 hovorí, aby sme sa odrezali od všetkých našich myšlienok, svetských myšlienok, obáv, úzkostí, a podobne, a modlili sa z celého srdca.

Navyše, Ježiš dáva ľuďom tento príbeh na ponaučenie, aby vedeli, že Boh nevyslýša modlitbu farizejov a kňazov, ktorí sa počas Ježišovej doby nahlas modlili, aby ich videli ostatní a zaslúžili si ich pochvalu. Nemali by sme sa stať pyšnými na množstvo našich modlitieb. Namiesto toho, musíme v modlitbe s celým srdcom volať k Bohu, ktorý skúma naše srdce a myseľ, k Všemohúcemu, ktorý pozná všetky naše potreby a túžby, a k Tomu, ktorý je naším „všetkým vo všetkom."

Je ťažké modliť sa z celého srdca v tichej modlitbe. Skúste sa v noci modliť meditovaním so zavretými očami. Čoskoro zistíte, že namiesto modlenia bojujete proti únave a svetským myšlienkam. Keď vás boj so spánkom unaví, zaspíte skôr, ako si myslíte. Namiesto modlitby v nehybnosti tichej izby: „V tých dňoch vyšiel na vrch modliť sa a celú noc zotrval v modlitbách k Bohu. (Lk 6, 12) a „Nadránom, zavčasu, ešte za tmy vstal a vyšiel von. Odobral sa na osamelé miesto a tam sa modlil" (Mr 1, 35). V hornej izbe mal prorok Daniel otvorené okná smerujúce k Jeruzalemu a kľačiac na kolenách sa trikrát denne modlil a ďakoval pred svojím Bohom (Dan 6, 10). Peter vyšiel na strechu, aby sa modlil (Sk 10, 9) a apoštol Pavol vyšiel za bránu k rieke, lebo sa nazdával, že tam bude miesto modlitby a počas prebývania vo Filipách sa modlil na mieste modlitby (Sk 16, 13; 16). Títo ľudia si určili pre modlitbu konkrétne miesta, pretože sa chceli modliť celým srdcom. Musíte sa modliť tak, aby vaša modlitba dokázala preniknúť silami nepriateľa diabla, vládcu kráľovstva vzduchu, a vystúpiť až ku trónu nad nami. Až potom budete naplnení Duchom Svätým, premôžete pokušenia a získate odpovede na všetky vaše problémy, veľké i malé.

3) Vaša modlitba musí mať úmysel

Niektorí ľudia môžu vysadiť stromy pre získanie dobrého dreva. Iní môžu vysadiť stromy pre získanie ovocia. Ďalší môžu vysadiť stromy, z ktorých drevo použijú na vybudovanie krásnej záhrady. Ak by človek vysadil stromy bez konkrétneho cieľa, predtým, ako stromčeky vyrastú do vysokých stromov a zostarnú, môže tieto stromy zanedbávať, pretože už ho zaujala iná práca.

Mať jasný cieľ v každom úsilí poháňa toto úsilie a prináša rýchlejšie a lepšie výsledky a úspechy. Bez jasného cieľa úsilie nemusí byť schopné odolať hoci aj malej prekážke, pretože bez akéhokoľvek smeru existujú iba pochybnosti a rezignácia.

Keď sa modlíme pred Bohom, musíme mať jasný úmysel. Dostali sme prísľub, že od Boha dostaneme všetko, o čo prosíme, keď máme v Bohu istotu (1 Jn 3, 21-22). A keď je úmysel našej modlitby jasný, sme schopní modliť sa ešte vrúcnejšie s väčšou vytrvalosťou. Keď náš Boh vidí, že v našich srdciach nie je žiadna zloba, dá nám všetko, čo potrebujeme. Musíme mať vždy na pamäti úmysel našej modlitby a musíme byť schopní modliť sa tak, aby sme sa zapáčili Bohu.

4) Musíte sa modliť s vierou

Pretože je miera viery u každého človeka iná, každý človek získava Božie odpovede v súlade s jeho vierou. Keď ľudia prvýkrát prijmú Ježiša Krista a otvoria si srdce, Duch Svätý v nich začne prebývať a Boh ich označí za jeho deti. V tomto okamihu majú vieru o veľkosti horčičného zrnka.

Keď zachovávajú deň Pána svätý a neustále sa modlia, snažia sa dodržiavať Božie prikázania a žiť podľa jeho Slova, ich viera bude rásť. Avšak, keď čelia pokušeniu a utrpeniu predtým, ako budú stáť pevne na skale viery, môžu spochybňovať Božiu moc a občas byť odradení. Ale ak stoja na skale viery, v žiadnom prípade nepadnú, ale budú s vierou vzhliadať k Bohu, a ďalej sa modliť. Boh vidí takú vieru a pracuje pre dobro tých, ktorí ho milujú.

Keď sa upevnia v modlitbe, s mocou zhora budú bojovať proti hriechu a budú pripomínať nášho Pána. Budú mať jasnú predstavu vôle nášho Pána a budú ju nasledovať. Toto je viera, ktorá sa páči Bohu a takí ľudia dostanú všetko, o čo budú prosiť.

Keď ľudia dosiahnu túto mieru viery, zažijú prísľub opísaný v Mk 16, 17-18, ktorý hovorí: „Tých, čo veria, budú sprevádzať tieto znamenia: V mojom mene budú vyháňať zlých duchov a hovoriť novými jazykmi. Budú brať do rúk hadov a keď vypijú aj niečo smrtonosné, neuškodí im. Na chorých budú klásť ruky a oni ozdravejú." Ľudia s veľkou vierou dostanú odpovede podľa miery ich viery, a aj ľudia s malou vierou dostanú odpovede podľa miery ich viery.

Existuje „sebecká viera", ktorú človek vlastnoručne získa a „Bohom daná viera." „Sebecká viera" nie je sprevádzaná žiadnym skutkom, ale Bohom daná viera je duchovná viera, ktorá je vždy sprevádzaná skutkom. Biblia nám hovorí, že viera je zárukou toho, v čo dúfame (Hebr 11, 1), ale „sebecká viera" sa nestáva istotou. Aj keď človek má vieru na rozdelenie Červeného mora a presunutie vrchu, so „sebeckou vierou" nemá istotu Božích odpovedí.

Boh nám dáva „živú vieru", ktorá je sprevádzaná skutkami, keď ho podľa miery našej viery v neho poslúchame, prejavujeme našu vieru skutkom a modlíme sa. Keď mu ukážeme vieru, ktorú máme, táto viera sa spojí so „živou vierou", ktorú nám dá On, a potom sa stane veľkou vieru, ktorou môžeme bez meškania získať Božiu odpoveď. Občas ľudia zažívajú nepopierateľnú istotu jeho odpovede. Toto je viera daná Bohom, a ak ľudia majú takú vieru, už dostali jeho odpovede.

Z tohto dôvodu, bez akýchkoľvek pochybností musíme skladať našu dôveru v prísľub, ktorý nám Ježiš dáva v Mk 11, 24: „Preto vám hovorím: Všetko, o čo sa modlíte a prosíte, verte, že ste dostali a budete mať." Musíme sa modliť, až kým nemáme istotu Božích odpovedí a nedostaneme to, o čo v modlitbe prosíme (Mt 21, 22).

5) Musíte sa modliť s láskou

Hebr 11, 6 nám hovorí: „Bez viery však nie je možné zapáčiť sa Bohu. Veď kto pristupuje k Bohu, musí veriť, že Boh je a že odmeňuje tých, čo ho hľadajú." Ak veríme, že všetky naše modlitby budú zodpovedané a sú uložené ako naše nebeské odmeny, modlitba pre nás nebude únavná ani ťažká.

Rovnako ako Ježiš zápasil v modlitbe, aby dal ľudstvu život, ak sa s láskou modlíme za iné duše, aj vtedy sa môžeme vrúcne modliť. Ak sa dokážete modliť za druhých s úprimnou láskou, znamená to, že ste schopní vžiť sa do ich situácie a ich problémy vidieť ako svoje vlastné, a tak sa modliť ešte vrúcnejšie.

Predpokladajme, že sa modlíte za stavbu svätyne vo vašom kostole. Musíte sa modliť s rovnakým srdcom, s akým by ste sa modlili za stavbu vlastného domu. Rovnako ako by ste sa podrobne modlili za pozemok, pracovníkov, materiály, a podobne, za vlastný domov, musíte sa rovnako podrobne modliť za každý prvok a faktor potrebné pre stavbu svätyne. Ak sa modlíte za pacienta, musíte sa vžiť do jeho kože a zápasiť v modlitbe s celým srdcom, ako by to boli vaše bolesti a utrpenie.

Za účelom dosiahnutia Božej vôle Ježiš zvyčajne kľačal a zápasil v modlitbe v jeho láske k Bohu a k celému ľudstvu. Ako výsledok, bola otvorená cesta k spáse a každý, kto príjme Ježiša Krista, môže mať teraz odpustené hriechy a tešiť sa z moci, na ktorú má nárok ako Božie dieťa.

Na základe spôsobu, akým sa modlil Ježiš a najpodstatnejších skutočností pre druh modlitby, ktorou sa zapáčime Bohu, musíme preskúmať vlastné postoje a srdce, modliť sa s postojom a srdcom, ktorými sa páčime Bohu a dostať od neho všetko, o čo v modlitbe prosíme.

Kapitola 4

Aby ste neupadli do pokušenia

Keď sa vrátil k učeníkom,
našiel ich spať.
Povedal teda Petrovi:
„To ste nemohli ani hodinu so mnou bedliť?
Bedlite a modlite sa,
aby ste neupadli do pokušenia.
Duch je síce ochotný, ale telo slabé."

(Mt 26, 40-41)

1. Život v modlitbe: Dych nášho ducha

Náš Boh je živý, dohliada na život človeka, smrť, prekliatie a požehnanie, a je Bohom lásky, spravodlivosti a dobroty. Nechce, aby jeho deti podľahli pokušeniu alebo čelili utrpeniu, ale žili život plný požehnaní. To je dôvod, prečo poslal na zem Tešiteľa Ducha Svätého, ktorý má pomáhať jeho deťom prekonať tento svet, zahnať nepriateľa diabla, viesť zdravý a radostný život a dosiahnuť spásu.

Boh nám sľúbil v Jer 29, 11-12: „Ja poznám svoje zámery, ktoré mám s vami — znie výrok Pána — sú to zámery pokoja, a nie nešťastia; dám vám budúcnosť a nádej. Keď budete ku mne volať, keď prídete a budete sa ku mne modliť, vypočujem vás."

Ak máme žiť tento život v pokoji a nádeji, musíme sa modliť. Keď sa neustále počas života v Kristovi modlíme, nebudeme v pokušení, našej duši sa bude dariť, to, čo je zdanlivo „nemožné," zmení sa na „možné", vo všetkom v živote sa nám bude dariť a budeme sa tešiť z dobrého zdravia. Ale ak sa Božie deti nemodlia, budú čeliť pokušeniam a katastrofám, pretože náš nepriateľ diabol obchádza ako revúci lev a hľadá, koho by zožral.

Rovnako ako život nie je možný bez každodenného dýchania, význam modlitby v živote Božích detí je veľmi dôležitý. To je dôvod, prečo nám Boh prikazuje, aby sme sa bez prestania modlili (1 Tes 5, 17), pripomína nám, že nemodliť sa je hriech (1 Sam 12, 23) a učí nás modliť sa, aby sme neupadli do pokušenia (Mt 26, 41).

Pre nových veriacich, ktorí len nedávno prvýkrát prijali Ježiša Krista, je modlenie ťažké, pretože nevedia, ako sa majú modliť. Náš mŕtvy duch je znovuzrodený, keď príjmeme Ježiša Krista a dostaneme dar Ducha Svätého. Duchovný stav v tejto chvíli je stav dojčaťa; je ťažké modliť sa.

Avšak, ak sa nevzdajú, ale naďalej sa modlia a Božie slovo je pre nich chlebom, ich duch sa stane silnejším a ich modlitba sa stáva účinnejšou. Rovnako ako ľudia nemôžu žiť bez dýchania, aj oni si uvedomia, že nemôžu žiť bez modlitby.

V mojom detstve som zažil deti, ktoré súťažili medzi sebou v tom, kto zadrží dych najdlhšie. Zakaždým sa postavili oproti sebe dve deti a zhlboka sa nadýchli. Keď ďalšie dieťa vydalo pokyn: „Pripravte sa," tieto deti sa nadýchli najviac, ako mohli. Keď „rozhodca" zakričal: „Začnite!," deti s výrazmi tváre plné odhodlania zadržali dych.

Na začiatku zadržanie dychu nie je príliš ťažké. Ale postupne mali deti pocit dusenia sa a ich tváre boli výrazne červené. Nakoniec už nemohli dlhšie zadržiavať dych a museli vydýchnuť. Nikto nemôže ďalej žiť, keď sa jeho dýchanie zastaví. Je to rovnaké s modlitbou. Keď sa duchovný človek prestane modliť, na začiatku si nevšimne veľký rozdiel. Ale postupne sa jeho srdce začne cítiť skľúčenejšie a zarmútenejšie. Ak by sme dokázali našimi očami vidieť ducha takého človeka, videli by sme, že jeho duch sa dusí. Keď si človek uvedomí, že sa to deje preto, že sa prestal modliť a začne sa znova modliť, môže znova viesť normálny život v Kristovi. Ale ak aj naďalej bude páchať hriech nemodlenia sa, jeho srdce sa bude cítiť ešte úbohejšie a zúfalejšie a prestane sa mu dariť v mnohých aspektoch jeho života.

„Dať si pauzu" od modlenia nie je Božia vôľa. Rovnako ako lapáme po dychu, kým sa naše dýchanie nevráti do normálu, vrátenie sa k normálnemu minulému modlitebnému životu je ťažké a vyžaduje si to oveľa viac času. Čím dlhšia je „pauza", tým dlhšie trvá zotavenie modlitebného života.

Ľudia, ktorí si uvedomujú, že modlitba je dychom ich ducha, nepovažujú modlenie za náročné. Ak sa modlia neustále tak, ako sa aj nepretržite nadychujú a vydychujú, namiesto považovania modlitby za namáhavú alebo ťažkú, stanú sa pokojnejšími, plnšími nádeje a radostnejšími v živote, než keď sa nemodlia. Je to preto, že do akej miery sa modlia, do takej miery dostávajú Božie odpovede a vzdávajú mu slávu.

2. Dôvody, prečo pokušenie prichádza na ľudí, ktorí sa nemodlia

Ježiš sa pre nás stal príkladom, ako sa modliť a jeho učeníkom povedal, aby bdeli a modlili sa, aby nepadli do pokušenia (Mt 26, 41). V opačnom zmysle to znamená, že ak sa nebudeme neustále modliť, padneme do pokušenia. Prečo teda prichádza pokušenie na ľudí, ktorí sa nemodlia?

Boh stvoril prvého človeka Adama, urobil ho živou bytosťou a dovolil mu komunikovať s Bohom, ktorý je Duch. Potom, čo Adam jedol zo stromu poznania dobra a zla a neposlúchol Boha, Adamov duch zomrel, jeho komunikácia s Bohom už nebola možná a bol vyhnaný z raja. Keď nepriateľ diabol, vládca kráľovstva vzduchu, prevzal kontrolu nad človekom, ktorý už nemohol komunikovať s Bohom, ktorý je Duch, človek postupne páchal viac hriechov a bol stále viac a viac hriechom ušpinený.

Pretože odplatou za hriech je smrť (Rim 6, 23), Boh odhalil Jeho prozreteľnosť spasenia skrze Ježiša Krista pre celé ľudstvo, ktoré bolo predurčené zomrieť. Boh označí za jeho dieťa každého, kto prijme Ježiša za svojho Spasiteľa, priznáva, že je hriešnik a koná pokánie, a ako dôkaz vierohodnosti mu Boh dáva dar Ducha Svätého.

Duch Svätý, Tešiteľ, ktorého Boh poslal, ukazuje svetu, čo je hriech, spravodlivosť a súd (Jn 16, 8), prihovára sa za nás nevysloviteľnými vzdychmi, ktoré žiadne slová nedokážu vyjadriť (Rim 8, 26) a pomáha nám prekonať svet.

Modlitba je absolútne nevyhnutná na to, aby sme boli naplnení Duchom Svätým a boli ním vedení. Iba keď sa modlíme, Duch Svätý sa k nám prihovára, mení naše srdce a myseľ, upozorňuje nás na blížiace sa pokušenie, oznamuje nám spôsoby, ako sa vyhnúť takému pokušeniu a pomáha nám prekonať pokušenia, keď nám skrížia cestu.

Avšak, bez modlitby neexistuje žiadny spôsob, ako odlíšiť Božiu vôľu od vôle človeka. V snahe dosiahnuť svetské túžby budú ľudia bez pravidelného života v modlitbe žiť podľa ich starých zvykov a usilovať sa o to, čo je správne na základe ich vlastnej spravodlivosti. A tak čelia pokušeniam, utrpeniu a všetkým druhom problémov.

Jak 1, 13-15 hovorí: „Nikto nech v čase skúšky nehovorí: Boh ma pokúša! Veď Boha nemožno pokúšať na zlé a ani on sám nikoho nepokúša. Ale každého pokúša vlastná žiadostivosť, ktorá ho zvádza a láka. Žiadostivosť potom, keď počne, porodí hriech a vykonaný hriech splodí smrť."

Inými slovami, pokušenie prichádza na ľudí, ktorí sa nemodlia, pretože nedokážu rozlíšiť Božiu vôľu od vôle človeka, nechajú sa zlákať ich svetskými túžbami a čelia utrpeniu, pretože nie sú schopní prekonať pokušenie. Boh chce, aby sa všetky jeho deti naučili byť spokojné v každej situácii, spoznali, čo znamená byť v núdzi, a čo znamená mať hojnosť a spoznali tajomstvo spokojnosti v akejkoľvek a každej situácii, či už sú sýte, alebo hladujú, v hojnosti alebo v biede (Flp 4, 11-12).

Avšak, keďže svetské túžby počnú a zrodia hriech a odplata za hriech je smrť, Boh nemôže ochrániť ľudí, ktorí aj naďalej páchajú hriechy. Do akej miery ľudia zhrešili, do takej miery na nich nepriateľ diabol prináša pokušenie a utrpenie. Niektorí ľudia, ktorí upadli do pokušenia, sklamú Boha tým, že vyhlasujú, že On ich priviedol do pokušenia a priviedol na nich utrpenia. Avšak, toto sú skutky hnevu voči Bohu. Takí ľudia nedokážu prekonať pokušenia a nenechajú žiadny priestor, kde by Boh mohol pracovať pre ich dobro.

Preto nám Boh prikazuje zničiť špekulácie a každú povýšenosť, čo sa dvíha proti poznávaniu Boha a zviazať každú myšlienku na poslušnosť Kristovi (2 Kor 10, 5). A v Rim 8, 6-7 nám pripomína: „Lebo zmýšľanie tela vedie k smrti, zmýšľanie Ducha však vedie k životu a pokoju. Pretože zmýšľanie tela je nepriateľstvom voči Bohu — nepodrobuje sa totiž Božiemu zákonu; veď sa ani nemôže." Väčšina informácií, ktoré sme sa naučili a uložili v našich mysliach ako „správne" predtým, ako sme sa stretli s Bohom, vo svetle pravdy sa prejavia ako nepravdivé. Preto Božiu vôľu môžeme úplne nasledovať iba vtedy, keď zničíme všetky teórie a telesné myšlienky. Navyše, ak chceme zničiť argumenty a každý predsudok a nasledovať pravdu, musíme sa modliť.

Boh lásky občas napráva Jeho milované deti, aby nezišli na cestu smrti a dovoľuje, aby čelili pokušeniam, aby tak mohli konať pokánie a odvrátiť sa od ich ciest. Keď sa ľudia pozrú do seba a oľutujú všetko, čo je v Božích očiach nesprávne, neustále sa modlia, vzhliadajú k tomu, ktorý pracuje pre dobro vo všetkom pre tých, ktorí ho milujú a neustále sa radujú, Boh uvidí ich vieru a iste im odpovie.

3. Duch je síce ochotný, ale telo slabé

Noc pred tým, než mal Ježiš niesť kríž, odišiel s učeníkmi na miesto zvané Getsemanská záhrada a zápasil tam v modlitbe. Keď Ježiš našiel učeníkov spať, zabedákal a povedal: „Duch je ochotný, ale telo slabé" (Mt 26, 41).

V Biblii nájdeme výrazy ako „telo", „telesné veci" a „skutky tela." Na jednej strane je „telo" v rozpore s „duchom" a všeobecne odkazuje na všetko, čo je ušpinené a nestále. Vzťahuje sa to na každé stvorenie, vrátane človeka, pred tým, než bol premenený pravdou, rastliny, všetky zvieratá, a podobne. Na druhej strane „duch" predstavuje to, čo je večné, pravdivé a nemenné.

Od Adamovej neposlušnosti sa všetci muži a ženy rodia s dedičnou hriešnou prirodzenosťou, ktorou je prvotný hriech. „Hriechy, ktoré každý človek spácha," sú nepravdivé skutky spáchané na popud nepriateľa diabla. Človek sa stal „telom", keď nepravda ušpinila jeho telo a telo sa spojilo s hriešnou prirodzenosťou. To je to, čo hovorí Rim 9, 8: „To znamená, že Božími deťmi nie sú deti tela, ale za potomstvo sa pokladajú deti prisľúbenia." A Rim 13, 14 nás varuje: „Ale oblečte sa v Pána Ježiša Krista a nevyhovujte telu, aby ste neprepadli žiadostiam."

Okrem toho, „telesné veci" sú rôzne hriešne atribúty ako podvod, závisť, žiarlivosť a nenávisť (Rim 8, 5-8). Možno ešte neboli vykonané fyzicky, ale môžu byť stimulované v skutku. Ak sa tieto túžby prejavia v skutku, nazývame ich „skutky tela" (Gal 5, 19-21).

Čo mal Ježiš na mysli, keď povedal, že „telo je slabé"? Poukazoval tým na fyzickú kondíciu jeho učeníkov? Ako bývalí rybári, Peter, Jakub a Ján, boli mužmi na vrchole života a mocní s dobrým zdravím. Pre ľudí, ktorí strávili mnoho nocí rybárčením, zostať bdieť niekoľko hodín v noci by nemal byť veľký problém. Avšak, aj keď im Ježiš povedal, aby tam zostali a spolu s ním bdeli, títo traja učeníci neboli schopní sa modliť, a nakoniec zaspali. Môžno išli do Getsemanskej záhrady, aby sa modlili s Ježišom, ale táto túžba bola len v ich srdci. Preto, keď im Ježiš povedal, že ich telo je „slabé", mal na mysli to, že ani jeden z nich nebol schopný premôcť žiadostivosť tela, ktorá ich zlákala na spánok a odpočinok.

Peter, ktorý bol jedným z milovaných Ježišových učeníkov, nedokázal sa modliť, pretože jeho telo bolo slabé, aj keď bol jeho duch ochotný. A keď bol Ježiš zajatý a jeho život v ohrození, trikrát zaprel, že Ježiša poznal. Stalo sa tak pred Ježišovým vzkriesením a nanebovstúpením na nebesia a Peter bol uväznený v hlbokom strachu, pretože ešte nedostal dar Ducha Svätého. Potom, čo Peter dostal dar Ducha Svätého, kriesil mŕtvych, uskutočňoval zázračné znamenia a zázraky a nabral dosť odvahy na to, aby bol ukrižovaný dole hlavou. Známky Petrovej slabosti sa stratili, keď sa z neho stal odvážny apoštol Božej moci, ktorý sa nebál smrti. Je to preto, že Ježiš prelial jeho drahocennú, nepoškvrnenú a bezúhonnú krv a vykúpil nás z našich neduhov, chudoby a slabostí. Ak budeme žiť podľa viery v poslušnosti k Božiemu slovu, budeme sa tešiť dobrému zdraviu tela i ducha a budeme schopní konať to, čo je pre človeka nemožné a všetko bude pre nás možné.

Keď sa niektorí ľudia dopustia hriechov, namiesto pokánia z hriechov rýchlo povedia: „Telo je slabé" a myslia si, že je prirodzené páchať hriechy. Takí ľudia vyslovujú takéto slová, pretože nepoznajú pravdu. Predpokladajme, že otec dal synovi 1000 dolárov. Aké absurdné by bolo, keby si syn dal peniaze do vrecka a otcovi povedal: „Nemám žiadne peniaze; ani cent"? Aké frustrujúce by bolo pre otca, keby jeho syn – s 1 000 dolármi vo vrecku – hladoval a nekúpil si nijaké jedlo? Preto je pre tých z nás, ktorí dostali dar Ducha Svätého, výrok „telo je slabé" protirečením.

Poznám mnoho ľudí, ktorí kedysi chodievali spať o desiatej večer, ale potom, čo modlitbou získali dar Ducha Svätého, zúčastňujú sa teraz „celonočnej piatkovej služby." Nie sú unavení ani ospalí a každú piatkovú noc dávajú Bohu v plnosti

Ducha Svätého. Je to preto, že v plnosti Ducha Svätého sa duchovné oči ľudí stávajú ostrejšími, ich srdce preteká radosťou, necítia únavu a ich telá sú ľahšie.

Pretože žijeme v dobe Ducha Svätého, nesmieme sa nikdy prestať modliť alebo spáchať hriech, pretože „je telo slabé." Namiesto toho, bdením a neustálou modlitbou musíme získať pomoc Ducha Svätého, odhodiť telesné veci, skutky tela a podobné veci, a horlivo viesť život v Kristovi neustálym životom podľa Božej vôle pre nás.

4. Požehnanie pre ľudí, ktorí bedlia a modlia sa

1 Pt 5, 8-9 nám hovorí: „Buďte triezvi, bdejte! Váš protivník, diabol, obchádza ako revúci lev a hľadá, koho by zožral. Vzoprite sa mu pevní vo viere, vedomí si toho, že také isté utrpenia doliehajú na spoločenstvo vašich bratov vo svete." Nepriateľ satan a diabol, vládca kráľovstva vzduchu, sa pri každej príležitosti snaží zlákať veriacich v Boha zo správnej cesty a zabrániť jeho ľudu mať vieru.

Ak by niekto chcel vykoreniť strom, najprv by sa ním pokúsil triasť. V prípade, že kmeň je veľký a silný a strom má korene príliš hlboko v zemi, prestane s týmto stromom triasť a skúsi iný strom. Keď sa už zdá, že druhý strom môže byť vykorenený ľahšie ako prvý, stane sa o to odhodlanejším a bude triasť stromom oveľa viac. Z rovnakého dôvodu, nepriateľ diabol, ktorý sa nás snaží zlákať, odíde, ak budeme aj naďalej pevní. Ale ak nami aspoň trochu zatrasie, nepriateľ diabol na nás bude prinášať viac pokušení, aby nás premohol.

Aby bolo možné rozoznať a zničiť plány nepriateľa diabla a chodiť vo svetle, žijúc v súlade s Božím slovom, musíme v modlitbe zápasiť a získať Bohom danú silu a moc zhora. Ježiš, jediný Boží Syn, mohol všetko dosiahnuť podľa Božej vôle v dôsledku moci modlitby. Predtým, ako Ježiš začal jeho verejnú službu, pripravil sa štyridsaťdňovým pôstom a počas celej jeho trojročnej služby uskutočňoval úžasné dielo Božej moci skrze neprestajnú modlitbu. Na konci jeho pôsobenia bol Ježiš schopný zničiť moc smrti skrze vzkriesenie, pretože zápasil v modlitbe v Getsemanskej záhrade. To je dôvod, prečo nás náš Pán vyzýva: „Vytrvajte v modlitbe, bdejte pri nej a vzdávajte vďaky" (Kol 4, 2) a „Koniec všetkého sa priblížil. Buďte teraz rozvážni a triezvi, aby ste boli pohotoví modliť sa" (1 Pt 4, 7). Zároveň nás naučil modliť sa: „A neuveď nás do pokušenia, ale zbav nás zlého" (Mt 6, 13). Zabránenie pádu do pokušenia je nesmierne dôležité. Ak pokušeniu podľahnete, znamená to, že ste ho neprekonali, ste unavení a vaša viera sa zmenšila – nič z toho nepotešuje Boha.

Keď bdieme a modlíme sa, Duch Svätý nás učí kráčať po správnej ceste a my bojujeme proti hriechom a odhodíme ich. Okrem toho, do akej miery sa našej duši darí, naše srdce sa bude podobať Pánovmu srdcu, v každej záležitosti života sa nám bude dariť a dostaneme požehnanie dobrého zdravia.

Modlitba je kľúčom k tomu, aby sa nám vo všetkom v živote darilo a dostali sme požehnanie dobrého zdravia tela i ducha. V 1 Jn 5, 18 sme dostali prísľub: „Vieme, že nikto, kto sa narodil z Boha, nehreší, ale z Boha zrodený ho chráni a Zlý sa ho ani nedotkne." Preto, keď bdieme, modlíme sa a chodíme vo svetle, budeme v bezpečí pred nepriateľom diablom, a to aj v prípade, že padneme do pokušenia, Boh nám ukáže spôsob, ako mu uniknúť a vo všetkom bude pracovať pre dobro tých z vás, ktorí ho milujú.

Pretože nám Boh povedal, aby sme sa neustále modlili, musíme sa stať jeho požehnanými deťmi, ktoré vedú život v Kristovi tým, že bdejú, zaháňajú nepriateľa diabla a dostávajú všetko, čím ich Boh chce požehnať.

V 1 Tes 5, 23 nájdeme: „A sám Boh pokoja nech vás celých posvätí a pri príchode nášho Pána Ježiša Krista nech zachová vášho neporušeného ducha, dušu i telo bez úhony."

V mene nášho Pána Ježiša Krista sa modlím, aby každý z vás získal pomoc Ducha Svätého bdením a neustálou modlitbou, odvrhnutím všetkej hriešnej prirodzenosti mal bezúhonné a nepoškvrnené srdce ako Božie dieťa, obrezal si srdce Duchom Svätým, tešil sa z moci ako jeho dieťa, ktorou bude vaša duša prosperovať, vo všetkom sa vám v živote bude dariť, dostanete požehnanie dobrého zdravia a budete vzdávať slávu Bohu vo všetkom, čo robíte!

Kapitola 5

Modlitba spravodlivého človeka

Veľa zmôže
účinná modlitba spravodlivého.
Eliáš bol človek ako my,
ale keď sa horlivo modlil, aby nepršalo,
nepršalo na zemi tri roky a šesť mesiacov.
A znova sa modlil a nebo dalo dážď
a zem vydala svoju úrodu.

(Jak 5, 16-18)

1. Modlitba viery, ktorá uzdravuje chorých

Keď sa pozrieme späť na naše životy, zbadáme chvíle, kedy sme sa modlili uprostred utrpenia a chvíle, kedy sme chválili Boha a radovali sa po obdržaní jeho odpovedí. Boli chvíle, keď sme sa modlili s ostatnými o uzdravenie našich milovaných a chvíle, kedy sme vzdali slávu Bohu za získanie modlitbou toho, čo nebolo pre človeka možné.

V Hebr 11 nájdeme mnoho odkazov na vieru. Verš 1 nám pripomína: „Viera je zárukou toho, v čo dúfame, a zdôvodnením toho, čo nevidíme," zatiaľ čo verš 6 hovorí: „Bez viery však nie je možné zapáčiť sa Bohu. Veď kto pristupuje k Bohu, musí veriť, že Boh je, a že odmeňuje tých, čo ho hľadajú."

Viera je všeobecne rozdelená na „telesnú vieru" a „duchovnú vieru." Na jednej strane, telesnou vierou môžeme veriť v Božie slovo len vtedy, keď je Slovo v súlade s naším myslením. Táto telesná viera neprináša žiadne zmeny v našich životoch. Na druhej strane, duchovnou vierou môžeme veriť v silu živého Boha a v jeho Slovo také, aké je, aj keď nie je v súlade s naším myslením a teóriou. Keď veríme v Božie diela, ktorý vytvára niečo z ničoho, zažívame hmatateľné zmeny v našich životoch, ako aj jeho zázračné znamenia a zázraky, a uveríme, že pre tých, ktorí veria, je skutočne možné všetko.

To je dôvod, prečo nám Ježiš povedal: „Tých, čo veria, budú sprevádzať tieto znamenia: V mojom mene budú vyháňať zlých duchov a hovoriť novými jazykmi. Budú brať do rúk hadov a keď vypijú aj niečo smrtonosné, neuškodí im. Na chorých budú klásť ruky a oni ozdravejú" (Mk 16, 17-18), „Všetko je možné tomu, kto verí" (Mk 9, 23), a „Preto vám hovorím: Všetko, o čo sa modlíte a prosíte, verte, že ste dostali a budete mať" (Mk 11, 24).

Ako môžeme získať duchovnú vieru a na vlastnej koži okúsiť veľkú moc nášho Boha? Predovšetkým musíme mať na pamäti, čo povedal apoštol Pavol v 2 Kor 10, 5: „Nimi rúcame ľudské výmysly a každú povýšenosť, čo sa dvíha proti poznávaniu Boha, a nimi viažeme každú myšlienku na poslušnosť Kristovi." Už viac nesmieme považovať za pravdivé poznanie, ktoré sme doposiaľ nadobudli. Namiesto toho, musíme zničiť každú myšlienku a teóriu, ktoré sú v rozpore s Božím slovom, byť poslušní jeho Slovu pravdy a podľa neho žiť. Do akej miery zničíme telesné myšlienky a odhodíme nepravdu v nás, do takej miery bude naša duša prosperovať a budeme mať duchovnú vieru, ktorou môžeme veriť.

Duchovná viera je meradlom viery, ktorú Boh dal každému z nás (Rim 12, 3). Po prvom vypočutí evanjelia a prijatí Ježiša Krista je naša viera taká malá ako horčičné zrnko. Keď aj naďalej usilovne chodíme do kostola, počúvame Božie slovo a podľa neho aj žijeme, staneme sa oveľa spravodlivejšími. Okrem toho, ako naša viera rastie do veľkej viery, znamenia, ktoré sprevádzajú tých, ktorí uverili, budú iste sprevádzať aj nás.

Na modlitbu za uzdravenie chorých je nevyhnutná duchovná viera tých, ktorí sa modlia. Pretože stotník – ktorého sluha ochrnul a ukrutne trpel – zobrazený v Mt 8, mal vieru, ktorou veril, že jeho sluha ozdravie, ak Ježiš povie iba slovo, v tej chvíli jeho sluha ozdravel (Mt 8, 5-13).

Navyše, keď sa modlíme za chorých, musíme byť odvážni v našej viere a nepochybovať, pretože ako nám hovorí Božie slovo: „Nech však prosí s vierou, bez akéhokoľvek pochybovania, lebo kto pochybuje, podobá sa morskej vlne, hnanej a zmietanej vetrom. Taký človek nech si nemyslí, že dostane niečo od Pána" (Jak 1, 6-7).

Bohu sa páči silná a pevná viera, ktorá sa nekolíše sem a tam, a keď sa zjednotíme v láske a modlíme sa za chorých s vierou, Boh uskutočňuje oveľa väčšie diela. Pretože choroba je dôsledkom hriechu a Boh je Pán, náš lekár (Ex 15, 26), keď vyznávame hriechy jeden druhému a navzájom sa za seba modlíme, Boh nám dáva odpustenie a uzdravenie.

Keď sa modlíte s duchovnou vierou a v duchovnej láske,

zažijete úžasné Božie dielo, budete svedčiť o láske nášho Pána a oslavovať ho.

2. Modlitba spravodlivého človeka je mocná a účinná

Podľa slovníka The Merriam-Webster dictionary je spravodlivý človek niekto, kto „koná v súlade s božským či morálnym zákonom; bez viny a hriechu." Napriek tomu, Rim 3, 10 nám hovorí: „Nikto nie je spravodlivý, nie je ani jeden." A Boh hovorí: „Lebo pred Bohom nie sú spravodliví poslucháči zákona, ale ospravedlnení budú tí, čo plnia zákon" (Rim 2, 13) a „Pretože zo skutkov zákona nebude pred ním ospravedlnený nijaký človek. Veď zo zákona pochádza poznanie hriechu" (Rim 3, 20).

Hriech vstúpil do sveta skrze neposlušnosť Adama, prvého stvoreného človeka, a skrze hriech jediného človeka bolo odsúdené nespočetné množstvo ľudí (Rim 5, 12, 18). Pre ľudstvo, ktoré nedosiahlo jeho slávu, je teraz zjavená Božia spravodlivosť bez zákona a Božia spravodlivosť prichádza skrze vieru v Ježiša Krista pre všetkých, čo veria (Rim 3, 21-23).

Pre tento svet sa slovo „spravodlivosť" mení podľa hodnoty každej generácie, a preto to nemôže byť pravým štandardom spravodlivosti. Avšak, Boh sa nikdy nemení, a preto jeho spravodlivosť môže byť štandardom pravej spravodlivosti.

Preto, ako je napísané v Rim 3, 28: „Sme totiž presvedčení, že človek je ospravedlnený vierou bez skutkov zákona." Napriek tomu, našou vierou nezbavujeme zákon platnosti, naopak, potvrdzujeme ho (Rim 3, 31).

Ak sme vierou ospravedlnení, musíme prinášať ovocie svätosti tým, že sme oslobodení od hriechu a stávame sa otrokmi Boha. Musíme sa snažiť stať sa skutočne spravodlivými odvrhnutím všetkých neprávd, ktoré sú v rozpore s Božím Slovom a životom podľa jeho Slova, ktoré je pravda.

Boh vyhlasuje za „spravodlivých" takých ľudí, ktorých viera je sprevádzaná skutkom, a ktorí sa deň čo deň snažia žiť podľa jeho Slova a uskutočňuje jeho diela ako odpoveď na ich modlitby. Ako by mohol Boh odpovedať niekomu, kto chodí do kostola, ale medzi ním a Bohom postavil múr hriechu skrze neposlušnosť k jeho rodičom, nezhody s bratmi a páchanie hriechov?

Boh robí modlitbu spravodlivého človeka, – takého, ktorý počúva Božie slovo a žije podľa neho a nesie so sebou dôkaz jeho lásky k Bohu – mocnou a účinnou tým, že mu dáva silu modlitby.

V Lk 18, 1-18 je podobenstvo o neodbytnej vdove. Opisuje vdovu a prípad, ktorý predniesla sudcovi, ktorý sa nebál Boha a človeka sa nehanbil. Hoci sa sudca nebál Boha, ani mu nezáležalo na ľuďoch, nakoniec vdove pomohol. Sudca si povedal: „Čo sa aj Boha nebojím a človeka sa nehanbím, zastanem sa tej vdovy, keď ma už toľko unúva. Nech ma napokon nedokaličí!" (v 4-5).

Na konci tohto podobenstva Ježiš povedal: „Či sa Boh nezastane svojich vyvolených, ktorí k nemu volajú dňom i nocou? Či bude meškať s pomocou pre nich? Hovorím vám: Hneď sa ich zastane. Ale či Syn človeka nájde vieru na zemi, keď príde?" (Lk 18, 7-8).

Ale keď sa pozrieme okolo seba, uvidíme ľudí, ktorí tvrdia, že sú Božími deťmi, modlia sa vo dne i v noci a často sa postia, ale nedostávajú jeho odpovede. Títo ľudia si musia uvedomiť, že sa ešte nestali v Božích očiach spravodlivými.

Flp 4, 6-7 nám hovorí: „Pre nič nebuďte ustarostení, ale vo všetkom s vďakou predkladajte Bohu svoje žiadosti vo svojich modlitbách a prosbách. A pokoj Boží, ktorý prevyšuje každý rozum, uchráni vaše srdcia a vaše mysle v Kristovi Ježišovi." V závislosti na miere, do akej sa človek stal „spravodlivým" v Božích očiach a modlí sa vo viere a láske, dostáva Božie odpovede. Potom, čo splnil kvalifikáciu spravodlivého človeka a modlí sa, môže rýchlo získať Božie odpovede a vzdať Bohu slávu. Preto je nanajvýš dôležité, aby ľudia strhli múr hriechu, ktorý stojí v ceste k Bohu, získali kvalifikáciu byť v Božích očiach vyhlásení za „spravodlivých" a s vierou a láskou sa vrúcne modlili.

3. Dar a Moc

„Dary" sú dary, ktoré Boh dáva zadarmo a odkazujú na zvláštne Božie diela v jeho láske. Čím viac sa človek modlí, tým viac bude túžiť po Božom dare a prosiť oň. Občas však môže prosiť Boha o dar v súlade s jeho klamnými túžbami. To prináša na človeka sebazničenie a nie je to správne v Božích očiach, preto sa človek pred tým musí chrániť.

V Sk 8 je čarodejník menom Šimon, ktorý potom, čo mu Filip kázal evanjelium, všade Filipa nasledoval a bol ohromený veľkými znameniami a zázrakmi, ktoré videl (v 9-13). Keď Šimon videl, že kladením rúk Petra a Jána sa udeľuje Duch Svätý, priniesol apoštolom peniaze a povedal im: „Dajte túto moc aj mne, aby prijal Ducha Svätého každý, na koho položím ruky" (v 17-19). Peter pokarhal Šimona slovami: „Nech zhynie tvoje striebro s tebou, pretože si sa nazdával, že Boží dar sa dá získať za peniaze. Nemáš nijaký podiel ani účasť na tom všetkom, lebo tvoje srdce nie je pred Bohom úprimné. Rob teda pokánie za túto svoju neprávosť a pros Pána, azda ti bude odpustené, čo si zamýšľal. Lebo vidím, že si plný horkej žlče a v putách neprávosti" (v 20-23).

Pretože dary sú dané tým, ktorí zjavujú živého Boha a zachraňujú ľudstvo, musia konať pod dohľadom Ducha Svätého. Preto pred prosením Boha o jeho dary musíme sa najprv snažiť stať sa v jeho očiach spravodlivými.

Keď už naša duša prosperuje a my sme sa stali nástrojom, ktorý Boh môže použiť, On nás necháva prosiť o dary vnuknutím Ducha Svätého a dáva nám dary, o ktoré prosíme.

Vieme, že každý z našich predkov viery bol použitý Bohom pre rôzne účely. Niektorí z nich úžasne zjavili Božiu moc, iní iba prorokovali bez uskutočňovania Božej moci, a ďalší len učili ľudí. Čím dokonalejšia bola ich viera a láska, tým väčšiu moc im Boh dal a dovolil im uskutočňovať väčšie diela.

Keď bol Mojžiš princom Egypta, jeho povaha bola taká horkokrvná a zbrklá, že v okamihu zabil Egypťana, ktorý zle zaobchádzal s iným Izraelitom (Ex 2, 12). Po mnohých skúškach sa Mojžiš stal veľmi pokorným človekom, pokornejším než ktokoľvek iný na povrchu zeme, a potom dostal veľkú moc. Vyviedol Izraelitov z Egypta uskutočnením rôznych znamení a zázrakov (Nm 12, 3).

Tiež poznáme modlitbu proroka Eliáša, ako je zaznamenané v Jak 5, 17-18: „Eliáš bol človek ako my, ale keď sa horlivo modlil, aby nepršalo, nepršalo na zemi tri roky a šesť mesiacov. A znova sa modlil a nebo dalo dážď a zem vydala svoju úrodu."

Ako sme videli, a ako nám hovorí Biblia, modlitba spravodlivého človeka je mocná a účinná. Sila a moc spravodlivého človeka sú odlišné. Zatiaľ čo je tu druh modlitby, ktorou ľudia nie sú schopní získať Božiu odpoveď ani po nespočetných hodinách modlitby, je tu tiež veľmi silná modlitba, ktorá prináša jeho odpovede, rovnako ako aj uskutočnenie jeho moci. Boh s radosťou prijíma modlitbu viery, lásky a obety a umožňuje ľuďom vzdávať mu slávu skrze rôzne dary a moc, ktoré ľuďom dáva.

Avšak, neboli sme spravodliví od počiatku; ale až po prijatí Ježiša Krista sa vierou stávame spravodlivými. Stávame sa spravodlivými do tej miery, do akej poznáme hriech počúvaním jeho Slova, odvrhnutím nepravdy a naša duša prosperuje.

Navyše, pretože sa meníme na spravodlivých ľudí podľa toho, ako veľmi žijeme a chodíme vo svetle a v spravodlivosti, každý deň nášho života musí byť zmenený Bohom, aby sme mohli tiež vyznať ako apoštol Pavol: „Každý deň umieram" (1 Kor 15, 31).

Každého z vás nabádam pozrieť sa späť na život, ktorý ste doposiaľ viedli a zistiť, či na vašej ceste k Bohu nestojí múr, a ak áno, bez meškania ho zničiť.

V mene nášho Pána sa modlím, aby každý z vás poslúchal s vierou, obetoval v láske a modlil sa ako spravodlivý človek, aby ste boli vyhlásení za spravodlivých, získali jeho požehnanie vo všetkom, čo robíte a bez pochybností vzdali Bohu slávu!

Kapitola 6

Veľká moc jednomyseľnej modlitby

Amen, opäť vám hovorím:
Ak dvaja z vás budú na zemi
jednomyseľne prosiť o čokoľvek,
dostanú to od môjho Otca,
ktorý je v nebesiach.
Lebo kde sú zhromaždení
dvaja alebo traja v mojom mene,
tam som ja medzi nimi.

(Mt 18, 19-20)

1. Boh s radosťou prijíma jednomyseľnú modlitbu

Kórejské príslovie hovorí: „Je lepšie spoločne zodvihnúť aj kus papiera." Namiesto izolovania sa od ostatných ľudí a konania všetkého osamote, toto staré porekadlo nás učí, že účinnosť vzrastie a dosiahne lepší výsledok, keď dvaja alebo viacerí ľudia pracujú spolu. Kresťanstvo, ktoré kladie dôraz na lásku k blížnym a cirkevné spoločenstvo, musí byť aj v tomto smere dobrým príkladom.

Kaz 4, 9-12 nám hovorí: „Dvom je lepšie ako jednému, lebo majú dobrú odmenu za svoju námahu. Ak padnú, jeden druhého zodvihne. Beda však samotnému, keď padne, a niet druhého, kto by ho zodvihol. Aj dvom, keď ležia, je teplo, ale jeden sa ako zahreje? Jednotlivca možno premôcť, dvaja sa však už postavia na odpor, ale trojitá šnúra sa tak rýchlo nepretrhne."

Tieto verše nás učia, že keď sa ľudia spoja a spolupracujú, výsledkom bude veľká moc a radosť.

Z rovnakého dôvodu nám Mt 18, 19-20 hovorí, aké dôležité je pre veriacich spojiť sa a jednomyseľne sa modliť. Existujú „individuálne modlitby", prostredníctvom ktorých sa ľudia modlia za vlastné problémy na individuálnej báze alebo rozjímajú nad Slovom v tichej chvíli, a „jednomyseľné modlitby", prostredníctvom ktorých sa zhromaždí viac ľudí na volanie k Bohu.

Ako nám hovorí Ježiš: „ak dvaja z vás budú na zemi jednomyseľne prosiť" a „kde sú zhromaždení dvaja alebo traja v mojom mene," jednomyseľná modlitba sa vzťahuje na modlitbu mnohých ľudí jednej mysle. Boh nám hovorí, že s potešením prijíma jednomyseľnú modlitbu a sľubuje, že nám dá čokoľvek, o čo budeme prosiť a bude prítomný, keď budú dvaja alebo traja zhromaždení v mene nášho Pána.

Ako môžeme vzdať Bohu slávu odpoveďami, ktoré od neho dostávame skrze jednomyseľnú modlitbu doma, v kostole, v rámci našej skupiny či stretnutia? Poďme sa ponoriť do významu a spôsobov jednomyseľnej modlitby a z jej moci urobiť náš každodenný chlieb, aby sme od Boha získali všetko, keď sa modlíme za jeho kráľovstvo, spravodlivosť a cirkev a vzdali mu veľkú slávu.

2. Význam jednomyseľnej modlitby

V prvom z veršov, na ktorých je založená táto kapitola, Ježiš nám hovorí: „Amen, opäť vám hovorím: Ak dvaja z vás budú na zemi jednomyseľne prosiť o čokoľvek, dostanú to od môjho Otca, ktorý je v nebesiach" (Mt 18, 19). Tu nachádzame niečo trochu zvláštne. Prečo namiesto toho, aby verš odkazoval na modlitbu „jedného človeka", „troch ľudí" alebo „dvoch alebo viacerých ľudí", Ježiš konkrétne povedal: „Ak dvaja z vás budú na zemi jednomyseľne prosiť o čokoľvek" a kladie dôraz na „dvoch" ľudí?

„Dvaja z vás" tu predstavuje v relatívnom vyjadrení každého z nás, „ja" a zvyšok ľudí. Inými slovami, „dvaja z vás" môže odkazovať okrem seba na jedného človeka, desať ľudí, sto ľudí alebo tisíc ľudí.

Čo je teda duchovný význam výrazu „dvaja z vás"? Každý z nás má vlastné „ja" a v každom z nás prebýva Duch Svätý s jeho vlastným charakterom. Ako hovorí Rim 8, 26: „Tak aj Duch prichádza na pomoc našej slabosti. Veď nevieme ani to, za čo sa máme modliť. Ale sám Duch sa za nás prihovára nevysloviteľnými vzdychmi." Duch Svätý, ktorý sa sám za nás prihovára, robí naše srdce chrámom, v ktorom prebýva.

Dostávame moc, na ktorú máme právo ako Božie deti, keď v neho prvýkrát uveríme a prijmeme Ježiša za svojho Spasiteľa. Duch Svätý príde a oživí nášho ducha, ktorý v dôsledku dedičného hriechu zomrel. Preto v každom z Božích detí je ich vlastné srdce a Duch Svätý s jeho vlastným charakterom.

„Dvaja ľudia na zemi" predstavuje modlitbu nášho vlastného srdca a modlitbu nášho ducha, ktorá je príhovorom Ducha Svätého (1 Kor 14, 15; Rim 8, 26). Výrok „dvaja ľudia budú na zemi jednomyseľne prosiť o čokoľvek" znamená, že tieto dve modlitby sú ponúkané Bohu jednomyseľne. Okrem toho, keď sa Duch Svätý spojí s jedným človekom, dvoma alebo viacerými ľuďmi v ich modlitbe, je to preto, aby „dvaja z vás" na zemi jednomyseľne o čokoľvek prosili.

Pamätaním na význam jednomyseľnej modlitby musíme zažiť naplnenie Pánovho sľubu: „Ak dvaja z vás budú na zemi jednomyseľne prosiť o čokoľvek, dostanú to od môjho Otca, ktorý je v nebesiach" (Mt 18, 19)

3. Spôsoby jednomyseľnej modlitby

Boh s potešením prijíma jednomyseľnú modlitbu, na takéto modlitby dáva rýchlo jeho odpovede a uskutočňuje jeho veľké diela, pretože sa ľudia k nemu modlia s jedným srdcom.

Ak sa Duch Svätý a každý z nás modlí s jedným srdcom, iste to bude zdrojom pretekajúcej radosti, pokoja a nekonečnej slávy Boha. Budeme schopní privolať „ohnivú odpoveď" a bezvýhradne svedčiť o živom Bohu. Ale stať sa „jedným srdcom" nie je ľahká úloha a priviesť naše srdcia k jednomyseľnosti nesie veľmi významné dôsledky.

Predpokladajme, že sluha má dvoch pánov. Nebola by jeho vernosť a srdce slúžiť prirodzene rozdelené? Problém sa stáva vážnejším, ak dvaja páni tohto sluhu majú rôzne povahy a vkus. Opäť predpokladajme, že dvaja ľudia sa rozhodli spoločne plánovať určitú udalosť. Ale ak sa im nepodarí byť jednej mysle a zostanú v názoroch rozdelení, dospeli by k záveru, že sa veci nevyvíjajú príliš dobre. Navyše, ak by títo dvaja ľudia urobili svoju prácu s dvoma rôznymi cieľmi v srdci, navonok sa môže zdať, že ich plán sa vyvíja dobre, ale výsledok ich práce nemôže byť očividnejší. Preto schopnosť byť jedno srdce, či už sa modlíme sami, alebo s iným človekom, či s dvoma alebo viacerými ľuďmi, je kľúčom k získaniu Božej odpovede.

Ako teda môžeme byť v modlitbe jedným srdcom?

Ľudia, ktorí sa jednomyseľne modlia, musia sa modliť vedení Duchom Svätým, byť zajatí Duchom Svätým, stať sa jedno s Duchom Svätým a modliť sa v Duchu Svätom (Ef 6, 18). Pretože Duch Svätý nesie so sebou Božiu myseľ, On skúma všetko, aj Božie hlbiny (1 Kor 2, 10) a prihovára sa za nás podľa Božej vôle (Rim 8, 27). Keď sa modlíme podľa toho, ako Duch Svätý vedie našu myseľ, Boh s potešením prijíma našu modlitbu, dáva nám to, o čo prosíme, a dokonca plní aj túžby nášho srdca.

Aby sme sa modlili v plnosti Ducha Svätého, musíme bez akýchkoľvek pochybností veriť v Božie slovo, nasledovať ho v pravde, vždy sa radovať, neprestajne sa modliť a vzdávať vďaky za každých okolností. Musíme tiež volať k Bohu z hĺbky nášho srdca. Keď ukážeme Bohu vieru sprevádzanú skutkom a zápasíme v modlitbe, zapáčime sa tým Bohu a On nám dáva radosť skrze Ducha Svätého. Toto znamenajú výroky „byť naplnený" a „byť vedený" Duchom Svätým.

Niektorí noví veriaci alebo tí, ktorí sa nemodlili pravidelne, doteraz nedostali moc modlitby, a tak majú tendenciu považovať jednomyseľnú modlitbu za náročnú a ťažkú. Ak sa títo ľudia pokúsia modliť hodinu, snažia sa použiť všetky druhy tém modlitieb, ale nie sú schopní modliť sa celú hodinu. Rýchlo sa unavia a sú vyčerpaní, úzkostlivo čakajúc na to, kedy prejde hodina a skončia mrmlajúc v modlitbe. Taká modlitba je „modlitbou duše", na ktorú Boh nemôže odpovedať.

Pre mnohých ľudí je ich modlitba aj naďalej len modlitbou duše, a to aj v prípade, že chodia do kostola už viac ako desať rokov. Väčšina ľudí, ktorí sa sťažujú alebo strácajú odvahu pre nedostatok Božích odpovedí, nemôže získať jeho odpovede, pretože ich modlitba je modlitbou duše. Ale to neznamená, že Boh od ich modlitby odvrátil jeho tvár. Boh počuje ich modlitby; On im jednoducho nemôže na ne odpovedať.

Niektorí sa môžu pýtať: „Znamená to, že je zbytočné, aby sme sa modlili, keď sa modlíme bez vedenia Duchom Svätým?" Nie je to tak. Aj keď sa ľudia modlia len vlastným myslením, ak usilovne volajú k Bohu, brány modlitby sa otvoria, dostanú moc modlitby a budú sa modliť v duchu. Brány modlitby nie je možné bez modlitby otvoriť. Pretože Boh počúva aj modlitby duše, akonáhle sú brány modlitby otvorené, spojíte sa s Duchom Svätým, začnete sa modliť vedení Duchom Svätým a získate odpovede, o ktoré ste prosili v minulosti.

Predpokladajme, že existuje syn, ktorý nepotešil svojho otca. Keďže syn nedokázal jeho skutkom potešiť otca, nemohol od otca dostať nič, o čo ho prosil. Ale jedného dňa začal syn potešovať otca skutkom a otec zistil, že syn sa mu podobá srdcom. Ako by sa teraz začal otec správať k synovi? Pamätajte si, že ich vzťah už nie je taký, aký bol v minulosti. Otec túžil dať jeho synovi všetko, o čo prosil a syn dostal aj to, o čo prosil v minulosti.

Z rovnakého dôvodu, a to aj v prípade, že je naša modlitba na základe vlastného myslenia, keď sa nahromadí, obdržíme moc modlitby a začneme sa modliť spôsobom, ktorým sa zapáčime Bohu, pretože sa pre nás otvoria brány modlitby. Dostaneme aj to, o čo sme prosili Boha v minulosti a uvedomíme si, že On nevynechal ani jedinú triviálnu prosbu našej modlitby.

Navyše, keď sa modlíme v duchu v plnosti Ducha Svätého, nebudeme unavení a nepodľahneme ospalosti alebo svetským myšlienkam, ale budeme sa modliť s vierou a radosťou. To je to, ako sa aj skupina ľudí môže jednomyseľne modliť, pretože sa modlia v duchu a v láske s jednou mysľou a jednou vôľou.

V druhej časti veršov, na ktorých je založená táto kapitola, čítame: „Lebo kde sú zhromaždení dvaja alebo traja v mojom mene, tam som ja medzi nimi" (Mt 18, 20). Keď sa ľudia stretávajú, aby sa spoločne modlili v mene Ježiša Krista, Božie deti, ktoré dostali dar Ducha Svätého, sa v podstate modlia jednomyseľne a náš Pán je iste medzi nimi. Inými slovami, keď sa skupina ľudí, ktorí dostali dar Ducha Svätého zhromaždia a jednomyseľne modlia, náš Pán dohliada na myseľ každého človeka, spojí ich v jedno Duchom Svätým a vedie ich k tomu, aby boli jednej mysle, a tak sa ich modlitba zapáči nášmu Bohu.

Ak sa však skupina ľudí nemôže zísť a byť jedno srdce, skupina ako celok sa nemôže jednomyseľne modliť alebo sa modlia zo srdca každého účastníka, aj keď sa modlia za dosiahnutie spoločného cieľa, pretože srdcia jednotlivcov nie sú jednomyseľné so srdciami ostatných ľudí v skupine. V prípade, že srdcia ľudí v skupine nemôžu byť zjednotené v jedno, vodca skupiny by mal viesť čas chvál a pokánia, aby sa srdcia zhromaždených ľudí stali v Duchu Svätom jedným.

Náš Pán bude medzi modliacimi sa ľuďmi, keď sa stanú jedným v Duchu Svätom, pretože On skúma a vedie srdce každého zúčastneného človeka. Keď modlitba ľudí nie je jednomyseľná, je potrebné si uvedomiť, že náš Pán medzi takými ľuďmi nemôže byť.

Keď sa ľudia stávajú jedným v Duchu Svätom a jednomyseľne sa modlia, každý sa modlí zo svojho srdca, je naplnený Duchom Svätým, potí sa z vlastného tela, a keď naň zostúpi závan radosti z neba, je si istý Božími odpoveďami, o ktoré prosí. Náš Pán bude medzi ľuďmi, ktorí sa modlia takým spôsobom, a taká modlitba je presne tým druhom, ktorý sa páči Bohu.

Dúfam, že každý z vás dostane všetko, o čo v modlitbe prosí, a tým vzdá Bohu slávu, keď sa jednomyseľnou modlitbou v plnosti Ducha Svätého a z celého srdca zhromaždí s ostatnými zo skupiny, doma alebo v kostole.

Veľká moc jednomyseľnej modlitby

Jednou z výhod jednomyseľnej modlitby je rozdiel v rýchlosti, s akou ľudia dostávajú odpovede od Boha a druh diel, ktoré Boh uskutočňuje, pretože je obrovský rozdiel v množstve modlitby medzi 30-minútovou modlitbou jedného človeka s jednou prosbou a 30-minútovou modlitbou desiatich ľudí s rovnakou prosbou. Keď sa ľudia jednomyseľne modlia a Boh s potešením prijíma ich modlitbu, zažijú nepopierateľný prejav Božieho diela a obrovskú moc ich modlitby.

V Sk 1, 12-15 nájdeme, že po zmŕtvychvstaní nášho Pána a

vystúpení na nebesia sa skupina ľudí, vrátane jeho učeníkov, jednomyseľne a vytrvalo modlila. Počet ľudí, ktorí boli v tejto skupine, bol asi stodvadsať. Vo vrúcnej nádeji získať dar Ducha Svätého, ktorý im Ježiš sľúbil, títo ľudia sa zhromaždili, aby sa jednomyseľne modlili až do dňa Turíc.

Keď nadišiel deň Turíc, všetci boli na tom istom mieste. Tu sa odrazu strhol z neba hukot, ako keď sa ženie prudký vietor, a naplnil celý dom, v ktorom sedeli. Ukázali sa im ohnivé jazyky rozdelené tak, že na každom z nich spočinul jeden. Všetkých naplnil Duch Svätý a začali hovoriť inými jazykmi, ako im Duch dával hovoriť (Sk 2, 1-4).

Aké úžasné je toto Božie dielo? Ako sa jednomyseľne modlili, každý zo zhromaždených stodvadsatich ľudí dostal dar Ducha Svätého a začal hovoriť cudzými jazykmi. Apoštoli tiež získali od Boha veľkú moc, a tak počet ľudí, ktorí prijali Ježiša Krista skrze Petrovo posolstvo a boli pokrstení, bol takmer tritisíc (Sk 2, 41). Keď ľudia videli všetky druhy zázrakov a znamení uskutočňované apoštolmi, počet veriacich sa zvyšoval zo dňa na deň a menil sa aj život veriacich (Sk 2, 43-47).

Keď videli Petrovu a Jánovu odvahu a uvedomili si,

že Peter i Ján sú neučení a prostí ľudia, veľmi sa čudovali a spoznávali, že sú to tí, čo boli s Ježišom. Keď videli stáť s nimi aj uzdraveného človeka, nemohli nič namietať (Sk 4, 13-14).

Medzi ľudom sa rukami apoštolov dialo veľa znamení a zázrakov. Všetci sa svorne zdržiavali v Šalamúnovom stĺporadí. Nikto iný sa neodvažoval k nim pridružiť, ale ľud ich chválil a ustavične pribúdalo mnoho mužov i žien, čo uverili v Pána. Ešte aj chorých vynášali na ulice a kládli ich na lôžka a nosidlá, aby aspoň Petrov tieň padol na niektorého z nich, keď tadiaľ pôjde. Aj z miest okolo Jeruzalema sa schádzalo množstvo ľudí, ktorí prinášali chorých a trápených nečistými duchmi, a všetci boli uzdravení (Sk 5, 12-16).

Bola to moc jednomyseľnej modlitby, ktorá umožnila apoštolom smelo kázať Slovo, uzdraviť slepých, zmrzačených a slabých, kriesiť mŕtvych, uzdravovať všetky druhy chorôb a vyháňať zlých duchov.

Nasledujúci text popisuje Petra, ktorý bol uväznený za vlády Herodesa (Agrippa I), ktorý bol známy jeho prenasledovaním kresťanstva. V Sk 12, 5 nájdeme: „Petra teda strážili v žalári, ale cirkev sa zaňho ustavične modlila k Bohu." Kým Peter spal, zviazaný dvoma reťazami, cirkev sa jednomyseľne modlila za Petra. Potom, čo Boh vypočul modlitbu cirkvi, poslal anjela, aby Petra zachránil.

Noc predtým, ako sa chystal Herodes predviesť Petra pred súd, Peter spal zviazaný dvoma reťazami a predo dvermi boli strážnici, ktorí strážili väzenie (Sk 12, 6). Napriek tomu, Boh zjavil jeho moc rozviazaním reťazí a železná brána väznice sa im sama otvorila (Sk 12, 7-10). Po jeho príchode do domu Márie, matky Jána, tiež nazývaného Marek, Peter našiel mnoho zhromaždených, ktorí sa za neho modlili (Sk 12, 12). Toto zázračné dielo bolo výsledkom moci jednomyseľnej modlitby cirkvi.

Všetko, čo cirkev urobila pre uväzneného Petra, bola jednomyseľná modlitba. Podobne, keď cirkev pohltia problémy alebo veriaceho postihne choroba, namiesto ľudských myšlienok a spôsobov alebo znepokojenia a nervozity, Božie deti musia najprv veriť, že Boh vyrieši všetky ich problémy a musia sa zhromaždiť v jednej mysli a jednomyseľne sa modliť.

Bohu sa zapáči jednomyseľná modlitba cirkvi, má radosť z jednomyseľnej modlitby a na také modlitby odpovedá jeho zázračnými dielami. Dokážete si predstaviť, aký potešený by bol Boh pri pohľade na jeho deti, ktoré sa jednomyseľne modlia za jeho kráľovstvo a spravodlivosť?

Akonáhle ľudí naplní Duch Svätý a modlia sa ich duchom, zažijú úžasné Božie dielo, keď sa zhromaždia na jednomyseľnú modlitbu. Dostanú silu žiť podľa Božieho slova, svedčiť o živom Bohu ako rané cirkvi a apoštoli, šíriť Božie kráľovstvo a dostať všetko, o čo prosia.

Prosím vás, majte na pamäti Boží prísľub, že nám On odpovie, keď jednomyseľne prosíme a modlíme sa. V mene nášho Pána sa modlím, aby každý z vás úplne pochopil význam jednomyseľnej modlitby a horlivo sa stretával s tými, ktorí sa modlia v mene Ježiša Krista, aby ste tak ako prvé zažili veľkú moc jednomyseľnej modlitby, dostali moc modlitby a stali sa vzácnymi služobníkmi svedčiacimi o živom Bohu!

Kapitola 7

Neprestajne sa modlite a neochabujte

Rozpovedal im podobenstvo o tom,
že sa treba stále modliť a neochabovať.

V jednom meste bol sudca,
ktorý sa nebál Boha,
ani človeka sa nehanbil.
V tom meste bola aj vdova,
ktorá k nemu chodila s prosbou:
„Zastaň sa ma proti môjmu protivníkovi!"
On síce dlho nechcel, no potom si povedal:
„Čo sa aj Boha nebojím a človeka sa nehanbím,
zastanem sa tej vdovy, keď ma už toľko unúva.
Nech ma napokon nedokaličí!"

A Pán dodal:
„Všimnite si, čo povedal ten nespravodlivý sudca!
Či sa Boh nezastane svojich vyvolených, ktorí k nemu volajú
dňom i nocou? Či bude meškať s pomocou pre nich?
Hovorím vám: Hneď sa ich zastane. Ale či Syn človeka nájde
vieru na zemi, keď príde?"

(LK 18, 1-8)

1. Podobenstvo o neodbytnej vdove

Keď Ježiš hlásal Božie slovo davom ľudí, nehovoril im bez podobenstva (Mk 4, 33-34). „Podobenstvo o neodbytnej vdove", na ktorom je založená táto kapitola, nás učí o význame vytrvalej modlitby, o neprestajnom modlení sa a neochabovaní. Ako vytrvalo sa modlíte pre získanie Božej odpovede? Dávate si prestávky alebo ste sa už vzdali, pretože vám Boh ešte na modlitbu neodpovedal?

V živote je nespočetné množstvo veľkých aj malých problémov a otázok. Keď evanjelizujeme ľudí a hovoríme im o živom Bohu, niektorí z tých, ktorí hľadajú Boha, začnú navštevovať cirkev, aby vyriešili ich problémy a iní len preto, aby našli útechu v srdci.

Bez ohľadu na dôvody, pre ktoré ľudia začnú chodiť do kostola, keď uctievajú Boha a prijmú Ježiša Krista, naučia sa, že ako Božie deti môžu získať všetko, o čo prosia a premeniť sa na ľudí modlitby.

A preto sa všetky Božie deti musia naučiť skrze jeho Slovo druh modlitby, ktorou sa mu zapáčia, modliť sa v súlade s náležitosťami modlitby a mať vieru vytrvať a modliť sa, až kým nezískajú ovocie Božích odpovedí. To je dôvod, prečo sú si ľudia s vierou vedomí dôležitosti modlitby a neustále sa modlia. Nepáchajú hriech nemodlenia sa, a to ani v prípade, že nedostanú ihneď odpoveď. Namiesto toho, aby sa vzdali, modlia sa ešte vrúcnejšie.

Iba s takou vierou môžu ľudia získať Božie odpovede a vzdať mu slávu. Ale aj keď veľa ľudí tvrdí, že veria, je ťažké nájsť ľudí s takou veľkou vierou, ako je táto. To je dôvod, prečo náš Pán lamentuje a hovorí: „Ale či Syn človeka nájde vieru na zemi, keď príde?" (Lk 18, 8)

V istom meste bol nespravodlivý sudca, ku ktorému neustále chodila vdova a prosila ho: „Zastaň sa ma proti môjmu protivníkovi." Tento skorumpovaný sudca očakával úplatok, ale chudobná vdova si nemohla dovoliť ani malý prejav uznania pre sudcu. Napriek tomu, vdova ďalej prichádzala k sudcovi a prosila ho, no sudca stále odmietal vdovinu prosbu. Potom jedného dňa zmenil názor. Viete prečo? Všimnite si, čo si povedal nespravodlivý sudca:

„Čo sa aj Boha nebojím a človeka sa nehanbím, zastanem sa tej vdovy, keď ma už toľko unúva. Nech

ma napokon nedokaličí!" (Lk 18, 4-5)

Pretože sa vdova nikdy nevzdala, a naďalej k nemu chodila s jej prosbou, aj tento zlý sudca musel podľahnúť prosbe vdovy, ktorá mu nedala pokoj.

Na konci tohto podobenstva, ktoré Ježiš použil ako kľúč k získaniu Božej odpovede, povedal: „Všimnite si, čo povedal ten nespravodlivý sudca! Či sa Boh nezastane svojich vyvolených, ktorí k nemu volajú dňom i nocou? Či bude meškať s pomocou pre nich? Hovorím vám: Hneď sa ich zastane. Ale či Syn človeka nájde vieru na zemi, keď príde?" (v 6-8)

Ak nespravodlivý sudca vypočul prosbu vdovy, prečo by spravodlivý Boh neodpovedal, keď k nemu jeho deti volajú? Ak chcú rýchlo dostať odpoveď na konkrétny problém, zostanú bdieť celú noc a zápasiť v modlitbe, ako by mohol Boh rýchlo neodpovedať? Som si istý, že mnohí z vás počuli o prípadoch, kedy ľudia získali jeho odpovede už počas modlitby.

V Ž 50, 15 nám Boh hovorí: „Vzývaj ma v deň súženia, ja ťa zachránim a ty mi vzdáš úctu." Inými slovami, Boh chce, aby sme ho oslávili tým, že odpovie na našu modlitbu. Ježiš nám pripomína v Mt 7, 11: „Keď teda vy, hoci ste zlí, viete dávať dobré dary svojim deťom, o čo skôr dá dobré dary váš nebeský Otec tým, čo ho prosia!" Ako by mohol Boh, ktorý nám zadamo dal jeho jediného Syna, aby zomrel za nás, neodpovedať na modlitbu jeho milovaných detí? Boh túži dať rýchle odpovede jeho deťom, ktoré ho milujú.

Ale prečo tak veľa ľudí hovorí, že nedostávajú jeho odpovede, aj keď sa modlia? Božie slovo nám konkrétne hovorí v Mt 7, 7-8: „Proste a dostanete, hľadajte a nájdete, klopte a otvorí sa vám. Veď každý, kto prosí, dostáva, kto hľadá, nachádza, a tomu, kto klope, sa otvorí." To je dôvod, prečo je nemožné, aby naša modlitba nedostala odpoveď. Ale Boh nemôže odpovedať na našu modlitbu, ak nám v ceste k nemu stojí múr hriechu, alebo sa nemodlíme dosť, alebo preto, že ešte nenastal čas pre získanie jeho odpovede.

Musíme sa neustále modliť, bez toho, aby sme sa vzdali, pretože keď vytrváme, a naďalej sa s vierou modlíme, Duch Svätý zborí múr, ktorý stojí medzi Bohom a nami a skrze pokánie otvorí cestu k Božej odpovedi. Ak sa množstvo našej modlitby zdá byť v Božích očiach dostačujúce, On nám iste odpovie.

V Lk 11, 5-8 nás Ježiš znovu učí o vytrvalosti a neodbytnosti:

A potom im povedal: Niekto z vás má priateľa. Pôjde k nemu o polnoci a povie mu: "Priateľ, požičaj mi tri chleby, lebo prišiel ku mne priateľ z cesty a nemám ho čím ponúknuť." A on zvnútra odpovie: "Neobťažuj ma! Dvere sú už zamknuté a deti sú už so mnou v posteli. Nemôžem vstať a dať ti." Hovorím vám: Keď aj nevstane a nedá mu preto, že je jeho priateľom, vstane a dá mu, čo potrebuje, pre jeho neodbytnosť.

Ježiš nás učí, že Boh neodmieta jeho deti, ale odpovie na ich neodbytnosť. Keď sa modlíme k Bohu, musíme sa modliť odvážne a vytrvalo. Ale to neznamená, že budete len žiadať, ale modliť sa a s vierou prosiť s pocitom istoty. Biblia často spomína mnohých predkov viery, ktorí s takou modlitbou dostali odpovede.

Potom, čo Jakub až do svitania zápasil s anjelom pri rieke Jabbók, vrúcne sa modlil a rozhodne žiadal o požehnanie, hovoriac: „Nepustím ťa, kým ma nepožehnáš" (Gn 32, 26) a Boh dovolil požehnanie Jakuba. Od tej chvíle bol Jakub nazývaný „Izrael" a stal sa praotcom Izraelitov.

V Mt 15 kanaánska žena, ktorej dcéra trpela posadnutím démonmi, prvýkrát prišla k Ježišovi a pred ním zvolala: „Zmiluj sa nado mnou, Pane, Syn Dávidov! Moja dcéra je hrozne posadnutá démonom." Ale Ježiš jej neodpovedal ani slovo (Mt 15, 22-23). Keď žena prišla druhýkrát, pokľakla pred ním a prosila ho, ale Ježiš jednoducho povedal: „Som poslaný iba k ovciam, ktoré sa stratili z domu Izraela." A odmietol ženinu prosbu (Mt 15, 25-26). Keď žena znova prišla za Ježišom a povedala: „Áno, Pane, veď aj šteňatá sa živia odrobinami, ktoré padajú zo stola ich pánov." Ježiš jej odpovedal: „Žena, veľká je tvoja viera! Nech sa ti stane, ako si želáš!" (Mt 15, 27-28).

Rovnako aj my musíme kráčať po stopách našich predkov viery v súlade s Božím slovom a neprestajne sa modliť. A musíme sa modliť vo viere, s pocitom istoty a s vrúcnym srdcom. Vierou v nášho Boha, ktorý nám umožňuje plne žať v správny čas, musíme sa bez ochabovania stať pravými nasledovníkmi Krista v našom živote modlitby.

2. Prečo sa musíme neprestajne modliť

Rovnako ako človek nie je schopný udržať si život bez dýchania, Božie deti, ktoré dostali dar Ducha Svätého, nemôžu získať večný život bez modlitby. Modlitba je rozhovorom so živým Bohom a je dychom nášho ducha. Ak Božie deti, ktoré dostali dar Ducha Svätého, s Bohom nekomunikujú, uhasia oheň Ducha Svätého, preto nebudú môcť kráčať po ceste života, ale zídu na cestu smrti, a nakoniec nedosiahnu spásu.

Ale keďže modlitba vytvára spojenie s Bohom, dosiahneme spásu vtedy, keď počujeme hlas Ducha Svätého a učíme sa Božie slovo a žijeme podľa Božej vôle. Aj keď nám do cesty prídu problémy, Boh nám ukáže spôsob, ako sa im vyhnúť. Bude tiež vo všetkom pracovať pre naše dobro. Modlitbou tiež zažijeme moc všemohúceho Boha, ktorý nás posilňuje, aby sme sa postavili nepriateľovi diablovi a prekonali ho, čím vzdáme slávu Bohu našou pevnou vierou, ktorá robí nemožné možným.

Preto nám Biblia prikazuje, aby sme sa bez prestania modlili (1 Tes 5, 17) a to je „Božia vôľa" (1 Tes 5, 18). Ježiš nám ponúkol správny príklad modlitby neustálou modlitbou v súlade s Božou vôľou, bez ohľadu na čas a miesto. Modlil sa na púšti, na vrchu a na mnohých iných miestach, a modlil sa za úsvitu a v noci.

Neustálou modlitbou naši predkovia viery žili podľa Božej vôle. Prorok Samuel nám hovorí: „Nech sa to nestane, aby som zhrešil proti Pánovi a prestal sa za vás modliť. Chcem vás i ďalej učiť dobrej a pravej ceste" (1 Sam 12, 23). Modlitba je Božou vôľou a jeho prikázaním; Samuel nám hovorí, že nemodlenie sa je hriech.

Keď sa nemodlíme alebo si dávame prestávku v našom živote modlitby, do našej mysle vstupujú svetské myšlienky a bránia nám v živote podľa Božej vôle, a preto budeme čeliť veľkým problémom, pretože už nie sme pod Božou ochranou. Preto, keď ľudia padnú do pokušenia, reptajú proti Bohu alebo zídu z jeho cesty ešte viac.

Z tohto dôvodu nám 1 Pt 5, 8-9 pripomína: „Buďte triezvi, bdejte! Váš protivník, diabol, obchádza ako revúci lev a hľadá, koho by zožral. Vzoprite sa mu pevní vo viere, vedomí si toho, že také isté utrpenia doliehajú na spoločenstvo vašich bratov vo svete" a nabáda nás neustále sa modliť. Musíme sa modliť nielen vtedy, keď čelíme problémom, ale neprestajne, aby sme boli požehnanými Božími deťmi, ktorým sa v živote vo všetkom darí.

3. V správnom čase budeme žať úrodu

Gal 6, 9 hovorí: „Neúnavne konajme dobro, lebo ak neochabneme, budeme žať, keď príde čas." Je to rovnaké s modlitbou. Keď sa neprestajne modlíme v súlade s Božou vôľou a bez ochabovania, v správny čas budeme žať úrodu.

Ak poľnohospodár v netrpezlivosti hneď po výsadbe osiva vykope semeno zo zeme, alebo ak sa nebude starať o výhonky a čakať, aký zmysel by mal zber úrody? Odhodlanie a vytrvalosť sú nevyhnutné, až kým nezískame odpovede na naše modlitby.

Okrem toho, čas zberu sa líši v závislosti od druhu vysadených semien. Niektoré semená prinášajú ovocie v priebehu niekoľkých mesiacov, zatiaľ čo iné až o niekoľko rokov. Zelenina a obilie sa zberajú ľahšie ako jablká alebo také zriedkavé byliny ako ženšen. Do vzácnejších a drahších plodín musíme investovať oveľa viac času a odhodlania.

Musíte si uvedomiť, že pre väčšie a vážnejšie problémy, o ktoré sa budete modliť, je potrebné väčšie množstvo modlitby. Keď mal prorok Daniel videnie o budúcnosti Izraela, po dobu troch týždňov smútil a modlil sa, Boh vypočul Danielovu modlitbu hneď v prvý deň a poslal anjela, aby sa ubezpečil, že si to prorok uvedomil (Dan 10, 12). Avšak, knieža perzského kráľovstva sa stavalo proti anjelovi dvadsaťjeden dní, a tak mohol prísť k Danielovi až v posledný deň, a až potom mal Daniel istotu (Dan 10, 13-14).

Čo by sa stalo, keby sa Daniel vzdal a prestal sa modliť? Aj napriek tomu, že bol zúfalý a stratil silu potom, čo mal videnie, Daniel pokračoval v modlitbe, a nakoniec získal Božiu odpoveď.

Keď vytrváme s vierou a modlíme sa, kým nedostaneme jeho odpovede, Boh nám dáva pomocníka a vedie nás k jeho odpovedi. To je dôvod, prečo anjel, ktorý priniesol Božie odpovede Danielovi, prorokovi povedal: „Knieža perzského kráľovstva sa však stavalo proti mne dvadsaťjeden dní. Ale Michael, jeden z najvyšších ochrancov, mi prišiel na pomoc. Zanechal som ho tam s kniežaťom perzského kráľovstva a prišiel som, aby som ťa poučil o tom, čo sa má stať tvojmu ľudu v budúcich dňoch, lebo je to videnie, ktoré sa vzťahuje na tieto dni" (Dan 10, 13-14).

Za aké problémy sa modlíte? Je vaša modlitba druhom, ktorý vystupuje až k Božiemu trónu? Aby Daniel pochopil videnie, ktoré mu Boh dal, rozhodol sa pokoriť a nejesť žiadne chutné jedlo, ani mäso ani víno sa nedotkli jeho úst, ani sa vôbec nepomazal olejom, až kým neprešli celé tri týždne (Dan 10, 3). Keď sa Daniel pokoril v modlitbe po dobu celých troch týždňov, Boh vypočul jeho modlitbu a odpovedal mu hneď v prvý deň.

Tu si pozorne všimnite, že aj keď Boh vypočul Danielovu

modlitbu a odpovedal prorokovi hneď v prvý deň, trvalo tri týždne, kým jeho odpoveď došla k Danielovi. Mnohí ľudia sa pri vážnom probléme skúsia modliť jeden alebo dva dni a rýchlo to vzdajú. Toto svedčí o ich malej viere.

To, čo potrebujeme v našej generácii dnes najviac, je srdce, s ktorým veríme len nášmu Bohu, ktorý nám určite odpovie, vytrváme a modlíme sa bez ohľadu na dobu príchodu Božej odpovede. Ako môžeme očakávať Božie odpovede bez vytrvalosti? Boh dáva dážď v pravý čas, jesenný dážď aj jarný dážď, a určuje aj čas žatvy (Jer 5, 24). To je dôvod, prečo nám Ježiš povedal: „Preto vám hovorím: Všetko, o čo sa modlíte a prosíte, verte, že ste dostali a budete mať" (Mk 11, 24). Pretože Daniel veril v Boha, ktorý odpovedá na modlitby, vytrval a neprestal sa modliť, až kým nedostal Božiu odpoveď.

Biblia nám hovorí: „Viera je zárukou toho, v čo dúfame, a zdôvodnením toho, čo nevidíme" (Hebr 11, 1). Ak sa niekto prestal modliť, pretože ešte nezískal Božiu odpoveď, nesmie myslieť, že má vieru, alebo že dostane Božiu odpoveď. Ak má pravú vieru, nebude zotrvávať v súčasných okolnostiach, ale namiesto toho sa bude neustále bez ochabovania modliť. To je preto, lebo verí, že Boh, ktorý nám umožňuje žať to, čo sme zasiali a odpláca nám za to, čo sme urobili, mu iste odpovie.

Ako hovorí Ef 5, 7-8: „Nemajte s nimi nič spoločné. Veď kedysi ste boli tmou, ale teraz ste svetlom v Pánovi. Žite ako deti svetla," v mene nášho Pána Ježiša Krista sa modlím, aby každý z vás mal pravú vieru, vytrval v modlitbe k všemohúcemu Bohu, dostal všetko, o čo v modlitbe prosí a viedol život plný Božieho požehnania!

Autor:
Dr. Jaerock Lee

Dr Jaerock Lee sa narodil v roku 1943 v Muane v Jeonnamskej provincii v Kórejskej republike. V jeho dvadsiatich rokoch sedem rokov trpel mnohými nevyliečiteľnými chorobami a bez nádeje na uzdravenie čakal na smrť. Jedného dňa, na jar v roku 1974, ho sestra zobrala do kostola, a keď pokľakol k modlitbe, živý Boh ho ihneď uzdravil zo všetkých chorôb.

Odkedy Dr Lee stretol živého Boha prostredníctvom tejto úžasnej skúsenosti, celým svojím srdcom Ho úprimne miluje. V roku 1978 bol povolaný, aby sa stal Božím služobníkom. Vrúcne sa modlil, aby mohol jasne pochopiť Božiu vôľu, úplne ju splniť a dodržiavať celé Božie slovo. V roku 1982 založil Manminskú centrálnu cirkev v Soule v Kórei. V jeho cirkvi sa uskutočňuje nespočetné množstvo Božích skutkov, vrátane zázračných uzdravení a znamení.

V roku 1986 bol Dr Lee vysvätený za pastora na výročnom zhromaždení Ježišovej Sungkyulskej cirkvi v Kórei a o štyri roky neskôr, v roku 1990, začali vysielať jeho kázne v Austrálii, v Rusku, na Filipínach a v mnohých ďalších krajinách prostredníctvom rozhlasových staníc Far East Broadcasting Company, Asia Broadcast Station a Washington Christian Radio System.

O tri roky neskôr v roku 1993 bola Manminská centrálna cirkev vybraná kresťanským časopisom Christian World (USA) za jednu z „50 najlepších svetových cirkví" a z univerzity Christian Faith College na Floride v USA dostal Dr. Lee čestný doktorát v Bohosloví. V roku 1996 na teologickom seminári Kingsway Theological Seminary in Iowa v USA získal doktorát v Službe.

Od roku 1993 má Dr Lee vedúce postavenie vo svetovej missi prostredníctvom mnohých zahraničných výprav do Tanzánie, Argentíny, Baltimore City, Los Angeles, na Hawaj, do New Yorku v USA, Ugandy, Japonska, Pakistanu, Kene, na Filipíny, Hondurasu, do Indie, Ruska, Nemecka, Peru, Demokratickej republiky Kongo, Izraela a do Estónska.

V roku 2002 bol hlavnými kresťanskými novinami Christian newspapers v Kórei nazvaný „celosvetovým pastorom" kvôli jeho práci na rôznych zámorských výpravách. Zvlášť jeho výprava do New Yorku v roku 2006, ktorá sa konala na námestí Madison Square Garden, najväčšej svetoznámej aréne, bola vysielaná 220 národom, a jeho výprava do Izraela v roku 2009, ktorá sa konala v Medzinárodnom kongresovom centre v Jeruzaleme, na ktorých smelo vyhlásil, že Ježiš Kristus je Mesiáš a Spasiteľ. Jeho kázeň je vysielaná v 176 krajinách pomocou satelitov, vrátane GCN TV. Bol vyhlásený za jedného z desiatich najvplyvnejších kresťanských vodcov roku 2009 a 2010 v populárnom ruskom kresťanskom časopise In Victory a novou agentúrou Christian Telegraf pre jeho presvedčujúce televízne vysielanie kresťanskej omše a zahraničnej cirkevnej službe.

Od Máji 2015 má Manminská centrálna cirkev kongregáciu s viac ako 120 000 členmi. Bolo založených 10 000 filiálok po celom svete, vrátane 56 domácich filiálok, a zatiaľ viac ako 103 misionárov bolo poslaných do 23 krajín, vrátane Spojených štátov, Ruska, Nemecka, Kanady, Japonska, Číny, Francúzska, Indie, Kene a mnohých ďalších krajín.

K dátumu tohto uverejnenia Dr Lee napísal 99 kníh, vrátane bestsellerov Ochutnať Večný Život pred Smrťou, Môj Život Moja Viera I & II, Posolstvo Kríža, Miera Viery, Nebo I & II, Peklo a Božia Moc. Jeho diela sú preložené do viac ako 76 jazykov.

Jeho kresťanský stĺpec je vydávaný v časopisoch The Hankook Ilbo, The JoongAng Daily, The Chosun Ilbo, The Dong-A Ilbo, The Munhwa Ilbo, The Seoul Shinmun, The Kyunghyang Shinmun, The Hankyoreh Shinmun, The Korea Economic Daily, The Korea Herald, The Shisa News a The Christian Press.

Dr Lee je v súčasnej dobe vedúcou osobnosťou mnohých misijných organizácií a združení: Chairman, The United Holiness Church of Jesus Christ; President, Manmin World Mission; Permanent President, The World Christianity Revival Mission Association; Founder & Board Chairman, Global Christian Network (GCN); Founder & Board Chairman, World Christian Doctors Network (WCDN); a Founder & Board Chairman, Manmin International Seminary (MIS).

Ďalšie silné knihy od rovnakého autora

Nebo I & II

Podrobný nákres nádherného životného prostredia, z ktorého sa tešia nebeskí príslušníci a krásny popis rôznych úrovní nebeského kráľovstva.

Posolstvo kríža

Úžasné posolstvo prebudenia pre všetkých ľudí, ktorí sú duchovne spiaci! V tejto knihe nájdete dôvod, prečo je Ježiš jediný Spasiteľ a naozajstnú lásku Boha.

Peklo

Úprimné posolstvo Boha celému ľudstvu, ktorý chce, aby ani jedna duša nepadla do hlbín pekla! Objavíte nikdy predtým neodhalený opis krutej reality Dolného podsvetia a pekla.

Duch, Duša a Telo I & II

Sprievodca, ktorý nám dáva duchovné porozumenie ducha, duše a tela a pomáha nám zistiť druh nášho „ja", aby sme mohli získať moc poraziť temnotu a stať sa duchovným človekom.

Miera Viery

Čo je to za príbytok, vence a odmeny, ktoré sú pre vás pripravené v nebi? Táto kniha poskytuje múdre pokyny pre vás o tom, ako merať vieru a dosiahnuť tú najlepšiu a najzrelšiu vieru.

Prebuď sa, Izrael

Prečo Boh dohliadal na Izrael od začiatku sveta až dodnes? Aká Božia prozreteľnosť bola pripravená na posledné dni pre Izrael, ktorý čaká na Mesiáša?

Môj Život Moja Viera I & II

Najvoňavejšia duchovná vôňa získaná zo života, ktorý kvitol s neporovnateľnou láskou k Bohu, uprostred temných vĺn, studeného jarma a najhlbšieho zúfalstva.

Božia moc

Musíte si prečítať túto knihu, ktorá slúži ako základný sprievodca na získanie pravej viery a okúsenie úžasnej Božej moci.

www.urimbooks.com

www.ingramcontent.com/pod-product-compliance
Lightning Source LLC
LaVergne TN
LVHW061551070526
838199LV00077B/7004